KB059611

종교이론

Théorie de la religion

Georges Bataille

종교이론

인간과 종교 · 제사 · 축제 · 전쟁에 대한 성찰

조르주 바타유 | 조한경 옮김

문예출판사

이 번역서는
'2013년 전북대학교의 번역연구지원'을
받아 이루어졌습니다.
번역 원본은 Gallimard에서 출간된
Théorie de la religion(1973)입니다.

차 례

1부 ————
기본 여건들

1. 동물성

2. 속세의 성립과 인류

3. 제사, 축제 그리고 신성세계의 원칙들

4. 산업의 비약적 발전

욕망은 (참된) 대상으로서의 자신의 존재를 사물과는 다른 인식 '주체'로 변환시킨다. 사람은 바로 자신의 욕망 안에서 그리고 그 욕망에 의해 '나 아닌 것'non-Moi과 근본적으로 구별되며, 내가 '나'로서의 '나'로 구성되거나, 나 자신 그리고 다른 사람들에게 밝혀지는 것은 궁극적으로 다른 사람들과는 대립된 '나'의 욕망을 통해서, 욕망 안에서이며, 더 나아가서는 욕망으로서이다. (인간적인) '나'는 욕망의 '나'이다.

자아를 의식하는 존재로서의 인간은 욕망을 내포하고 전제한다. 따라서 인간의 현실은 생물학적 현실, 동물적 삶 안에서만 구성될 수 있고 유지될 수 있다. 그러나 동물적 욕망이 자아의식Conscience de soi의 필요조건인 것은 사실이지만, 충분조건은 아니다. 욕망은 그 자체로 보면 다만 자아에 대한 느낌Sentiment de soi을 갖게 해줄 뿐이다.

인식은 인간을 수동적 평온상태로 유지시켜주는 반면 욕망은 인간을 불안하게 만들고, 행동하게 만든다. 욕망에서 비롯된 행동은, 그래서, 욕망의 대상을 부정하고 파괴시킴으로써 또는 적어도 변화시켜서라도 욕망을 충족시키려든다. 예컨대, 우리는 음식물을 파괴하든지 또는 변화시키지 않고는 허기를 채울 수 없다. 이처럼 인간의 모든 행동의 근본은 '부정'négatrice에 있다.

알렉상드르 코제브

《헤겔강독 서설》

출발에 앞서

한 사상은 다른 한 사상의 근거가 되어준다. 사상이란 벽돌담 위로 쌓아 올린 벽돌과도 같은 것이기 때문이다. 사유하는 어떤 사람이 성찰을 하는 중에 아직 땅바닥에 뒹굴고 있는 어떤 벽돌을 발견하고도 그 벽돌이 그에게 제기하는 가치를 보지 못한다면, 그런 사람의 사유는 사유가 아니다. 그는 성마른 허영 때문에 그 자신은 알지도 못하는 사이에 벽돌과 함께 황무지 또는 쓰레기 더미에 묻히게 될 것이다.

　벽돌을 쌓아 올리는 벽돌공의 작업은 매우 중요한 작업이다. 그러나 금방 쌓은 벽돌이 전에 쌓은 벽돌과 구분되지 않으면 안 된다. 책도 마찬가지다. 독자의 눈에 지금 보이는 책은 사실 단순한 조각이 아니라, 이전의 것들에 새로운 것이 얹어진 총체이다. 책은 단순한 파편들 더미가 아니라 건축물로서의 자아 의식이다.

그러나 어떤 의미에서 무한 조립은 불가능하다. 그러니 차라리 용기와 고집을 가지고 비개성적이고 보편적인 흐름을 떠나 혼자만의 의견을 가지라는 유혹이 손짓한다. 물론 전체의 깊은 곳, 불가능은 외딴 생각이 밝혀줄 수 있으며, 그 방법이 오히려 가장 간단한 방법이다. 그리고 그 외딴 생각이 심오한 의미를 획득할 수 있으려면 전체를 의식하지 않을 수 있어야 한다.

가능의 정점을 정하는 것은 바로 불가능이다. 또는 말을 바꾸면 불가능에 대한 의식은 의식으로 하여금 적어도 어떤 성찰이 가능한 성찰인지를 깨닫게 해준다. 경계를 기웃거릴 뿐 폭력이 난무하는 집단에 머문 채, 일관성을 벗어나지 못하는 성찰을 하는 사람은 더 이상 자신이 차지할 자리가 없음을 깨닫게 될 것이다.

서문

《종교이론》이라는 이 책은 완결된 작업이라기보다는 하나의 소묘 같은 것이다. 나는 명확한 일람표를 작성하려고 하기보다는 **유연한** 태도로 하나의 사상을 설명하려고 했다.

철학은 일관성 있는 개요일 수도 있고, 그렇지 않을 수도 있다. 그러나 철학은 적어도 인류 전체, 아니면 적어도 개인을 설명해줄 수는 있어야 한다. 어떤 철학이 철학일 수 있으려면 인류의 사상사에서 그 다음에 있을 철학적 논의들에 대한 출발점이 되어줄 수 있어야 한다……. 그러나 철학자들은 사실 타자가 될 수 없는데도 불구하고 다른 사람과 같아지려고 하며, 그럴 때에 철학자들은 벌써 보편적 망각 속에 묻히고 말 것이다. 철학이란 완성된 하나의 집이 아니라 일종의 작업장과도 같은 것이다. 철학의 미완성은 과학의 미완성과는 다르다. 과학은 많은 완결된 부분들이 있으며, 미완의 부분과 함께 전체를 이룬다. 반면 일관성을 유지하려는 우리의 노력에도 불구하고 사상은 미완성으로 남으며, 사상에는, 그것이 어떤 사상이든, 최종적이고도 결정적인 불가능성이 남는다.

이 불가능의 원리는 단순히 결함에 대한 핑곗거리가 아니다. 불가능의 원칙은 모든 현실적 철학에 해당한다. 과학자는 기다림을 **수락한다**. 반면 철학자는, 기다리되, 합법적으로 그럴 수 없는 존재이다. 도저히 풀 수 없는 문제에 답해야 하는 것이 철학이다. 어떤 철학자도 철학이 제기하는 문제를 무시한 채 "존재할" 수는 없다. 철학자는 철학의 완성이 있기에 앞서 답변을 해야 하며, 철학자의 답변은 철학의 완성 과정에서, 또는 결과에 따라 변할 수 있겠지만, **결과에 종속되어서는 안 된다**. 개인적 입장을 전제하는 철학적 답변은 철학 작업의 결과일 수 없으며, 임의적인 것만 아니라면, 이전에 있었던 또는 **이후에 올** 어떤 사상적 흐름에도 가슴을 활짝 열고 거역할 수 있어야 한다. 사상적 불만, 미완성조차도 답변과 관계있으며, 더 나아가 답변 그 자체라고도 할 수 있다.

그게 바로 양심적 행위이다. 당장 가능한 모든 설명을 시도한다거나, 결정적 상태를 추구하는(그건 가능하지도 않다) 행위는 양심의 행위가 아니다. 어떤 사상이든 사상은 기왕의 학문적 수준을 능가

하고 기존의 영역을 벗어날 수 있어야 한다. 그러면서도 **사실** 답변이란 지적 수준이 있는 사람이 알아들을 수 있을 때 비로소 답변일수 있다. 그러나 후자의 조건만을 충족시키려고 하다보면 아무도전자의 조건을 충족시킬 수는 없을 것이다. 과학자들은 사유의 폭을 일정 영역으로 제한함으로써 기왕의 지식을 이해할 뿐이다. 그러나 우리의 방법은 불가피한 미완성 위에 근본적인 미완의 사상을하나 더 보태는 일이다. 우리는 철저히 거기에 더욱 매진해야 할 것이다.

위의 원칙들은 오늘날의 철학적 방식과는 — 대중의 동의는 말할 것도 없고 대중의 호기심과는 — 거리가 한참 멀다. 더 나아가 그러한 원칙들은 개인 또는 고독한 개인과 관계있는 근대적 주장과는대단히 대립적이기까지 하다. 개인적 관점들에 대한 거부가 없이는개인의 사상도, 개인적 사상의 실현도 있을 수 없다. 철학이라는 어휘는 '어떻게 인간적 상황을 벗어날 것인가?'라는 심각한 질문과 깊은 관계가 있다. 어떻게 유용성에의 종속적 성찰을 벗어나, 본질을망각한 존재로서의 자신을 의식하는 자아의식으로 미끄러져 갈 것인가?

결코 이룰 수 없는 작업이다. 그러나 그럼에도 답변을 미룰 수는 없다. 비록 명쾌한 답변을 얻어내지 못한다고 해도, 오히려 답변의 부재는 불가능의 진리를 더 목청껏 드러내는 결과가 될 것이다. 개인을 "사물" 취급하고, 내밀성을 근본적으로 부정하는 역설적인 이 책은 아마 무능을 드러내는 책이 될 것이고, 그 무능의 외마디는 더 깊은 침묵의 서곡이 될 것이다.

1부

기본 여건들

1. 동물성

1) 먹는 동물과 먹히는 동물의 내재성

나는 동물성을 좁은 관점에서 고찰하려고 한다. 내가 택한 관점의 의미는 차후에 밝히기로 하고, 논의의 여지는 있지만 좁은 관점에서 보자면 동물성은 직접성immédiateté 또는 내재성immanence이다.

동물의 내재성은 환경과 관련해서 보면 일정한 상황의 산물이다. 주어진 상황은 아주 중요하다. 그러나 나는 당장 그러한 상황에 대해 다 말하려 하지는 않겠다. 다만 출발을 위한 전제로 말하자면, **상황은 어떤 동물이 다른 동물을 먹을 때 발생한다**. 우리는 이 책의 마지막 부분에 이르러 다시 이 처음 전제로 돌아올 것이다.

어떤 동물이 다른 동물을 먹는다면, 우리는 단연코 둘 사이에 유사성이 있다고 말할 수 있다. 내가 내재성이라고 말한 것은 바로 그런 의미에서이다. 유사성이라고 말했는데 나는 그 말을 평소의 의미로 쓰지 않았다. 먹는 동물과 먹히는 동물 사이에 초월성은 없다. 물론 차이는 있을 것이다. 그러나 먹고 먹히는 관계가 두 동물 간의 우월과 열등을 결정짓지는 못한다.

동류의 동물들은 서로 잡아먹지 않는다……. 사실이다. 우리는 먹이를 우리 자신과 명확하게 구분한다. 그러나 닭을 잡아먹는 독수리가 닭과 자신을 명확히 구분하지 못한다고 해도 그것은 상관없다. 우리가 우리 자신과 사물을 구분하는 방법도 마찬가지다. 사물이 사물이려면 사물의 자리position에 있어야 한다. 사물이 사물의 자리에 있어주지 않는다면 구체적인 구별saisissable이 불가능할 것이다. 잡아먹는 동물에게 잡아먹히는 동물이 당장 사물인 것은 아니다. 잡아먹는 동물과 잡아먹히는 동물 사이의 관계는 인간—사물 취급을 거부하는 인간—과 사물 사이의 **종속적인** 관계와는 다르다. 동물은 지속의 시간에도 불구하고 아무것도 포착하지 못한다. 인간만이 대상을 포착 가능한 지속의 시간 속에 위치시킨다. 반면 어떤 동물에 의해서 먹히는 동물은 지속과 상관없이 존재하며, 소비되고, 파괴되고, 오직 현재 외에 다른 것은 없는 세계로 사라질 뿐이다.

동물의 삶에는 주인과 하인의 관계와 같은 것이 있을 수 없다. 한

쪽에 자율을, 다른 쪽에 의존을 가정할 수 있는 어떤 관계도 설정할 수 없다. 동물들은 서로 먹고 먹히기 때문에 힘의 우열, 또는 양적 차이만 있을 뿐이다. 사자는 동물의 왕이 아니다. 사자는 바다의 파도가 그렇듯이 약한 파도를 집어삼키는 더 높은 파도에 지나지 않을 뿐이다.

어떤 동물이 다른 동물을 잡아먹는다고 상황이 근본적으로 바뀌는 것은 아니다. 모든 동물은 **마치 물이 물속에 있듯이** 세상에 존재한다. 물론 동물의 상황에도 인간적 상황의 요소가 없는 것은 아니다. 우리는 동물을 하나의 주체로 취급할 수 있으며, 그런 경우 그 동물에게도 나머지 세상이 사물일 수 있다. 그러나 동물 스스로 자신을 주체로 바라볼 가능성은 결코 없다. 그런 상황의 요소들은 오직 인간적 지성이 포착할 수 있을 뿐, 동물이 **실현시킬** 수 있는 것은 아니다.

2) 동물의 의존성과 독립성

식물이 그렇듯이 사실 동물도 나머지 세상과 관련시켜볼 때 자율성을 갖지 못한다. 질소, 금의 원자 또는 물의 분자는 주변의 아무것과도 상관없이 완전한 내재적 상태로 존재한다. 반면 하나의 원자와 다른 원자 또는 모든 원자들 사이에는 아무런 필연적인 내재적 요소도 없으며, 더 일반적으로 말하자면 그것들 사이의 관계는 아무것도 중요하지 않다. 그러나 이 세상의 어떤 생물의 내재성은 그와는 다르다. 생물은 주변에서(밖에서) 자신과의 내재적인 요소들을 찾으며, 그것들과 더불어 내재적인 관계를 맺으려고(어느 정도는 고정시키려고) 한다. 그래서 생물은 더 이상 단순한 물과는 같을 수 없다고 말할 수 있다. 또는 달리 말하자면 생물은 물이라고 하더라도, 영양을 섭취하는 물이다. 영양을 **섭취**하지 못하면 생물은 고통받고, 죽는다. 일정 조건 아래서만 유지되는 밖에서 안으로의 흐름(내재성) 또는 안에서 밖으로의 흐름은 살아있는 생명체의 일이다.

한편 생명체는 조직organisation이 다른 생명체뿐 아니라 유사한 생명체로부터도 분리되려는 성향이 있다. 말하자면 영양을 밖에서 섭취하는 점으로 보면 조직체와 세상은 긴밀한 관계를 갖지만, 다만 이론적인 측면에서 보기로 하면 식물과 동물은 공히 **자율적인 세계**mondesautonomes로 남으며, 또 그렇게 고찰될 수 있다.

3) 동물성의 시詩적 허위

사실 우리도 동물이지만, 동물이라는 생명체보다 우리에게 미궁으로 남는 것도 없다. 침묵의 우주 한가운데에 있는 이 지구! 우리의 사고 영역에 이보다 낯선 것도 없어 보인다. 지구는 인간이 사물에 부여하는 의미도 갖지 않으며, 심지어 굳이 떠올리려고 의식할 필요도 없지만 사물의 비-의미조차 갖지 않는다. 솔직히 말하자면 우리는 의식을 전제하지 않고는 사물을 떠올릴 수 없다. 왜냐하면 **우리**nous와 **떠올린다**figurer라는 말들은 이미 의식, 즉 사물의 존재와 불가분의 관계를 맺고 있는 의식을 전제하기 때문이다. 우리는 언젠가는 틀림없이 **여기에 존재하기를** 그칠 테니까 우리와 사물의 관계는 언제라도 깨질 수 있는 허약한 관계라고 생각할 수 있다. 물론 나의 의식이 사라지면 그 의식을 대신하는 다른 의식이 사물을 의식할 것이다. 아주 단순한 진리이다. 그럼에도 우리의 의식이 못 미치는 선사시대의 동물의 삶은 수수께끼로 남아 우리를 불편하게 한다. 아직 인간이 없던 우주, 오직 동물적 시선만이 사물을 향해 열려 있던 우주를 상상해보자. 동물은 사물도 아니고, 인간도 아니므로, 오직 있는 것이라고는 시각이었을 것이다. 이제 시각을 자극해보자.

그러면 시각의 대상은 그 자체로는 의미가 없는 상태의 사물에서 의미가 충만한 세계로 미끄러져 간다. 인간은 각각의 사물마다에 정확한 의미를 부여하려고 하지만, 바로 그런 이유 때문에 결국 우리는 어떤 한 대상을 정확하게 묘사할 수 없다. 또는 어떤 대상에 대해 정확히 말하는 방법은 **솔직히 말해** 시적으로 표현하는 방법밖에 없다. 알 수 없는 것은 아무것도 묘사하지 않는 것이 시 아니던가. 과거를 현재처럼 허구적으로 말하는 것이 허용된다면 우리는 선사시대의 동물들에 대해서도 식물, 돌, 물 등 사물에 대해 말하는 **것처럼** 말하지 못할 이유가 없다. 그러나 그러한 조건들과 관계한 풍경에 대한 묘사는 시적 비약이 아니면 바보 같은 소리로 들리기 십상이다. 선사시대 사람들은 세상의 풍경을 향해 열려 있는 두 눈을 통해 세상을 온통 감싸 안았지만, 눈앞에 펼쳐져 있는 그 풍경을 이해할 수는 없었다. 그들은 지금의 우리와 달리 눈은 떴으나 보지 못했다. 그러나 그렇다고 내가 지금 만약 그 부재의 시선을 **바보 같은** 정신 상태로 취급하거나, "거기에는 시각도, 아무것도 없었다. 있는 것이라고는 오직 공포, 고통, 그리고 죽음만이 두텁게 감싸인 텅 빈 도취만이 병처럼……"이라고 말한다면 나는 터무니없는 무지를 막연한 섬광으로 호도하는 시의 힘을 남용하는 결과를 초래할 것이다.

물론 나는 안다. 우리의 정신은 말의 섬광이 아니고는 어떤 환상적인 훈영暈影을 얻을 수 없다는 것을……. 정신의 풍요, 영광 그리고 절대적 의미는 바로 거기에 있다. 그러나 우리의 시는 하나의 인간으로 하여금 의미 충만의 세계에서 의미 와해의 세계로, 즉 의미의 와해가 불가피한 세계로 건너가게 하는 다리 외에 다름 아니다. 인간의 응시가 없는 사물들의 부조리와 동물이 현존하는 사물들의 부조리 사이에는 오직 한 가지 차이밖에 없으니, 전자가 우리에게 정밀과학의 축소를 제안한다면 후자는 우리를 시의 끈끈한 유혹으로 안내한다는 점이다. 단순한 사물과는 달리 동물은 우리에게 닫혀 있지 않아서 뚫고 들어갈 수 없는 것은 아니다. 동물은 친숙한 깊이를 내게 열어 보여주면서 나를 유혹한다. 어떤 의미에서 그 깊이는 내가 잘 아는 깊이이고, 나의 깊이이기도 하다. 그러면서도 그 깊이는 내게서 멀리 달아나는, 그래서 정확하게 말해서 **나를 빠져나가는** 알 수 없는 어떤 깊이이다. 그러나 이 또한 시다……. 마찬가지로 내가 동물에게서 하나의 사물을 보는 경우(즉 내가 동물을 먹거나—내가 동물을 먹는다는 말은 나의 방식으로 먹는다는 말이지 다른 동물들이 먹는 방식으로 먹는다는 말이 아니다—또는 사물을 과학적 대상으로 취급하거나 다루는 경우) 동물의 부조리는 돌 또는 공기의 부조리 못지않게 직접적인 (또는 그것들과 가까운) 것이 사실이지만, 그렇더라도 동물은 우리가 사물에 부여하는 일종의 열등한 현실로 환원될 수는 결코 없다. 그 동물적 어둠 속의 부드럽고 비밀스러운, 그리고 심지어 고통스러운 어떤 것이 우리 안에 들어와 내밀한 빛으로 반짝이기 때문이다. 결국 내가 할 수 있는 말은 이렇다. 그 시각은 나를 어둠 속에 밀어 넣어 나로 하여금 눈부시게 만들며, 의식의 명료한 빛은, 나는 이러한 사실을 의심하지 않는데, 어찌나 눈부신지 나로 하여금 끝내 미지의 진리를 보지 못하게 할 것이라고…….

4) 물이 물에 있듯이 동물은 세상에 있다

나는 이 낯선 것에 대해서는 나중에 다시 말하려고 한다. 지금 내가 할 일은 시의 현란한 빛과는 달리 경험 차원에서 분명하고도 명료하게 드러나는 뭔가를 구분해내는 일이다. 동물의 세계는 내재성의 세계, 직접성의 세계라고 말했다. 그리고 그 세계는 우리가 어떤 초월적 능력을 찾아내지 못하는 한 끝까지 닫힌 채로 남는 세계이다. 그러나 이러한 진리는 부정적 진리이기 때문에, 확실히 밝히기는 어렵다. 말하자면 우리가 동물에게서 어떤 진리의 싹을 상상할 수야 있겠지만, 분명히 집어내는 일은 불가능하다. 초기적 상태의 지형에 대한 연구가 이루어질 수는 있을 것이다. 그러나 그럼에도 내재적 동물성의 시각은 끝내 **우리에게** 피할 수 없는 것으로 남는다. 일정한 조건들을 통해 견고하게 확정될 수 없다면, 사물에 대한 인간의 초월성(또는 인간에 대한 사물의 초월성) 즉 배아상태의 초월성은 결국 아무것도 아니라고 할 수 있다. 그럼에도 사실 우리는 우리를 불안한 엉김의 상태 위에 버려둘 수는 없다. 그래서 우리는 초월성과 무관한 어떤 빛을 통해, 밖으로부터, 동물성을 바라보려고 한다. 물 안에 물이 있듯이, 우리가 보기에, 동물은 필연적으로 세상 안에 존재한다.

　동물은 상황에 따라 다양한 행동 양상을 보인다. 동물의 다양한 행동들은 그것들에 대한 가능한 구분의 출발점이 된다. 그러나 동물들이 보이는 다양한 행동들과 동물들이 다양한 상황들의 차이를 구분해서 의식하는 것은 별개이다. 동족을 잡아먹지 않는 동물들이라고 해서 동족을 동족으로 알아보는 능력이 있는 것은 아니다. 그래서 그런 동물들은 정상적인 행동이 발휘될 수 없는 새로운 상황이 발생하면 규칙을 어기는지도 모르는 채 규칙을 어기기도 한다. 일반적으로 '늑대는 늑대를 잡아먹지 않는다'라는 말이 있지만, 그 규칙은 깨질 수 있다는 말이다. 그러나 엄밀히 말하자면 다른 늑대를 잡아먹는 늑대는 규칙을 어긴 것이 아니라, 단순히 그 규칙이 더 이상 적용될 수 없는 상황에 처하게 된 것이다. 물론 그렇더라도 늑대와 세계 사이의 연속성은 여전할 것이다. 그러나 늑대 앞에는 매혹적인 또는 고통스러운 현상이 벌어진다. 즉 같은 종류의 개체들이나, 음식, 그리고 매혹의 또는 고뇌의 어떤 것도 이제는 예전과 같지 않다. 다시 말해 이제 문제 되는 어떤 것도 의미가 없거나 다른 의미를 획득한다. 아무것도 그 연속성을 깨뜨릴 수는 없으며, 그 연속성 안에서는 죽음이 오는 순간까지 구분이 가능한 어떤 것도 발견할 수 없다. 경쟁자들 간의 싸움조차도 하나의 발작이다. 그 싸움은 불안정한 어둠으로부터 솟아난 자극에 대한 불가피한 반응인 것이다. 경쟁상대를 물리친 동물이 승리를 쟁취한 인간의 행동을 취하지 않는 이유는 동물끼리의 경쟁에서는 경쟁상대의 죽음이 연속성을 깬 것도, 또 그 죽음이 연속성을 회복시켜놓은 것도 아니기 때문이다. 문제는 연속성이 아니었다. 다만 두 존재의 동일한 욕망들이 둘로 하여금 죽음을 불사하는 싸움을 하게 만든 것이다. 싸움 뒤의 동물이 보여주는 무력한 시선은 물 한가운데에 물이 섞여 있듯이 존재도 세상과 본질적으로는 다르지 않음을 잘 말해주는 시선이다.

2. 속세의 성립과 인류

당분간 앞에서 말한 내용을 보다 분명히 하려는 노력은 하지 않겠다. 앞서 말한 내용은 지성의 특권적 영역인 불연속성의 영역 밖으로의 소풍과도 같은 것이었다. 나는 이제 곧 바로 우리가 의지할 만하다고 믿는 견고한 지대로 건너가보고자 한다.

1) 사물의 지위 : 도구

사물의 지위는 동물성 안에서가 아니라 도구의 인간적 사용 안에서 찾아진다. 도구란 수단이며, 목표와 결과를 위해 또는 도구를 사용해서 더 완전한 도구를 만들어내는 데 쓰이는 물건이다. 우리는 도구를 사물로 또는 구분이 불분명한 연속성의 차단으로 포착하며, 도구는 바로 그런 목적으로 만들어진다. 도구는 바야흐로 나―아닌 것에 대해 눈을 뜨게 한다.

세상의 주체는 자신과 다른 요소들과 **어우러져**participe 세상과 함께하고, 마치 물이 물 안에 머물듯이 거기에 머문다. 주체가 함께 **어울리는** 요소―세상, 동물, 식물―는 주체에 종속되지 않는다(마찬가지로, 한눈에 알 수 있지만, 주체는 상기 요소들에 종속적일 수도 없다). 반면 도구는 세계에 외재성을 도입한다. 도구는 그것을 사용하는 인간에게 종속되며, 인간은 마음대로 도구를 변형시킬 수 있는가 하면 목적에 맞게 사용할 수 있다.

　도구는 그 자체로는 아무런 가치, 즉 세상 또는 주체나 세상과 같은 의미를 갖는 다른 요소로서의 가치가 없다. 다만 도구는 목표와 관계할 때만 가치를 갖는다. 도구를 제작하는 데 바친 시간은 도구의 즉각적 사용을 요구한다. 도구는 그것을 사용하는 사람에게 종속되고, 목적에 종속된다. 또한 도구를 제작하는 데 보낸 시간은 목적과 수단의 분명한 차이를 드러내며, 그 차이는 도구가 형태를 드러내는 순간 결정된다. 불행한 일이지만 목적은 수단의 차원에서, 즉 사용의 차원에서 결정된다. 우리는 여기서 언어의 가장 두드러진 심각한 탈선을 볼 수 있다. 왜냐하면 여기에서는 도구의 목적이라는 것이 사실 언제나 도구의 사용과 같은 의미를 갖기 때문이다. 도구의 일차적 사용은 다음 단계의 유용성으로 이어진다. 그리고 그 고리는 계속 이어진다. 식물의 성장을 위해서 우리는 작대기로 땅을 판다. 식물은 누군가의 음식이 되기 위해 재배된다. 식물은 그것을 재배하는 사람의 생명을 유지시켜주기 위한 음식이 되는 것이다……

　이러한 무한 고리는 우리로 하여금 어떤 유익성과도 무관한 "진정한 목적"이란 것이 얼마나 공허한 말인지 잘 깨닫게 해준다. 진정한 목적은 물 안에 존재하는 물처럼 세상에 존재하는 연속적 존재를 다시 끌어들인다. 그렇지 않고, 도구처럼 분명하게 구분되는 사물이 문제인 경우, 그 사물의 의미는 유용성의 차원에서, 도구의 차원에서 찾아야 하며, 그렇다면 그 존재는 "진정한 목적"일 수 없다. 쓸데없는 세상, 목적 없는 세상, 하릴없는 세상, 의미 없는 세상은 존재들이 불분명하게 묻힌 세상뿐이다. 그런데 역설적이게도 오직 자체로 가치가 있을 뿐이며, 그 외의 것은 아무것도 의미가 없으며, 다른 어떤 것도, 제3의 어떤 것도, 그리고 그 뒤의 어떤 것도 의미가 없는 세상은 오직 존재들이 불분명하게 묻힌 그 세상이다.

　반대로 사물이 갖는 의미는 무차별한 연속성과는 다른 의미 즉 존재하는 모든 것의 내재성 또는 흐름과의 단절이다. 사물은 연속성, 내재성을 초월한다. 사물은 엄밀히 말하자면 주체, 내재성에 침잠된 '나'와는 이질적이다. 사물은 주체가 소유하는, 그럼에도 주체가 파고 들어갈 수 없는 대상이다.

　대상에 대한 주체의 완전한—완성된, 분명한 그리고 명료한—

인식은 전적으로 외재적이며, 그 인식은 생산과 관계 깊다.[1] 나는 내가 만든 어떤 사물의 목적을 잘 안다. 나는 그래서 그와 유사한 다른 것도 만들 수 있다. 그러나 시계공이 시계를 만들어내듯이 (또는 순록시대의 사람이 돌칼을 만들어내듯이) 나는 나를 닮은 다른 존재를 만들어낼 수는 없다. 그리고 사실 나는 내가 어떤 존재인지도 모르며, 나는 또한 이 세상이 어떻게 된 세상인지도 모르고, 그래서 아무리 노력해도 다른 세상을 만들어낼 수는 없다.

이러한 외재적 인식은 아마 피상적인 것일지도 모른다. 그러나 인간과 인간이 만든 사물들 사이의 거리를 좁힐 수 있는 힘을 지니는 것은 바로 그러한 인식이다. 그 인식은 그 사물들을, 비록 그것들이 우리에게 닫혀 있는 것일지라도, 우리와 가장 가까운 것, 가장 친근한 것이 되게 만든다.

---

[1] 독자도 알겠지만, 나는 도구와 제작된 사물을 같은 차원에 놓았다. 왜냐하면 도구도 일단은 제작된 사물이기 때문이고, 또 제작된 사물도 어떤 의미로 보면 결국은 도구이기 때문이다. 제작된 사물을 도구의 예속성에서 자유롭게 해주는 유일한 방법은 예술이다. 예술만이 진정한 목적을 갖는다. 그러나 예술 자체도 망치가 그렇듯이 원칙적으로 그것이 장식하는 어떤 것, 예컨대 집, 식탁, 의상, 책상에 쓰일 수 있다. 유용성의 범위를 벗어날 수 있는 물건이 과연 얼마나 있을 것인가!

2) 내재적 요소들의 사물 차원의 지위

바깥으로부터 분명하고도 명료하게 인지된 사물의 지위는 대체적으로 사물의 세계를 결정해준다. 부연해서 설명하자면 분명하고도 명료하게는 아닐지라도 적어도 겉으로는 확인이 가능한 세계 또는 차원을 결정해준다는 말이다. 사람들은 일단 단순한 사물들을 그런 식으로 확정 지은 (그것은 그리 어려운 일은 아니다) 다음 막대기나 다듬어진 돌과 마찬가지로 동물들, 식물들, 인간들 그리고 최종적으로는 자기 자신까지도 세상과 어우러져 존재하는 요소로 간주했던 것이다. 환언하자면 우리가 우리 자신을 알려면 먼저 바깥의 다른 사람을 보듯이 스스로를 바라볼 수 있어야 한다는 말이다. 사물들이 우리에게 분명하게 드러나려면 우리가 우리와 다른 존재를 일단 구분할 수 있을 때 가능한 이야기가 아닐까?

주체 또는 주체와 같은 성격의 요소들을 사물의 차원으로 끌어들이는 일은 결코 이루기 쉬운 일이 아닌 불안한 일이다. 그러나 그 불안은 내재적 요소들이 시각적으로 외부에 인지될 결정적 가능성에 비하면 그다지 크게 고려할 사항은 아니다. 결국 우리는 나타나는 모든 것 ─ 주체(우리), 동물, 정신세계 ─ 을 안으로부터 보는가 하면

바깥에서 보며, 우리와 관련한 연속성으로 함께 인지한다.[2]

언어는 주체―사물의 범주 즉, 객관적으로 바라본 주체의 범주를 가능한 한 분명하고도 명료한 외적 시선을 통해 정의한다. 그러나 이런 성격의 객관성은 한 요소의 입장에서 보면 명료해 보일 것 같지만 모호하기는 마찬가지다. 개체는 주체와 사물의 모든 속성들을 언제나 함께 간직하기 때문이다. 도구의 초월성 또는 그것의 사용과 관련된 창조적 기능은 모호하게도 동물, 식물 또는 대기현상의 특성이기도 하며, 또는 세계의 총체성이기도 하다.[3]

---

2 "우리 자신"이라고 했는데, 이것은 실존철학이 헤겔 이후에 대자라고 부르는 것이다. 같은 실존철학적 용어를 사용하자면 대상은 즉자로 지칭할 수 있다.

3 여기에서의 최종적 혼합이라는 말은 아마 신기하게 여겨질 것이다. 내가 만약 세상을 대상으로 여기면서 내 생각이 미치는 것을 포착하려고 하면서, 세상을 제작-제작자 단계의 도구와 동일한 사물, 분리된 대상과 같은 부조리한 세상으로 취급한다면, 세상은 내게 밝혀내야 할 안과 바깥, 또는 바깥과 안의 연속성으로 비칠 것이다. 사실 나는 어디까지가 나의 한계, 또는 인간적 자아들의 한계인지 말할 수 없는데, 그 말은 내가 주체를 나 자신에 국한시킬 수 없으며, 어떤 식으로든 그것은 불가능하다는 말이다.

3) 주체로서의 사물들의 지위

이러한 일차적 모호성에도 불구하고 주체-사물의 차원이 결정
되면 도구도 필요한 경우 주체가 될 수 있다. 이제 우리는 도구로서
의 사물을 주체-도구로도 고찰해볼 수 **있다**. 그러면 그 순간 사물
도 주체의 속성을 부여받으며, 인간들(사물의 초월성에 의해 **연속성**du
continuum으로부터 떨어져 나간 인간들), 동물들, 식물들, 대기현상들과
어깨를 맞대고 자기 자리를 차지한다. 도구로서의 사물은 세계의
전체성과 관계해서 보면 연속적이지만, 그것을 제조한 사람의 정신
으로 보면 여전히 분리되어 있다. 사람은 어떤 순간 화살의 초월성
과 그것의 작동능력을 빼앗지 않은 채 화살을 동류의 인간인 것처
럼 대할 수 있다. 극단적인 경우 그런 식으로 뒤집힌 사물은 그 사람
의 상상 속에서는 그 사람 자신이기도 하다. 그 화살은 그가 보기에
는 행동할 수 있고, 사고할 수 있고 또 그 사람처럼 말할 수도 있는
것이다.

4) 절대적 존재

이제 우리는 세계를 지속적 실존이라는 각도(내밀성, 또는 깊은 주체성과의 관계)에서 바라보는 사람들을 떠올려볼 필요가 있는데, 그런 사람들은 "행동할 수 있고, 사유할 수 있고, 말할 수 있는" 인간 또는 **사물**chose의 능력들을 세상도 지니고 있음을 인정한다. 따라서 사물로 환원된 세상은 분리된 개체의 형상과 창조적 능력을 동시에 지니게 된다. 그러나 개별적으로 드러나는 그 능력은 동시에 불분명한, 내재적이고도 비개인적 실존의 신적 특성을 보여주기도 한다. 어떤 의미에서 세상은 근본적으로 분명한 한계가 없는 내재성 자체이다. (존재 속으로 흐르는 존재의 불분명한 흐름…… 나는 여기서 다시 변덕스러운 물 안에 있는 물을 떠올린다.) 그래서 세상 안에서의 "절대적 존재"의 지위라는 것은 예컨대 사물처럼 한계가 정해진 빈약함 그 자체이다. "절대적 존재"를 생각해낸 데에는 다른 어떤 가치보다도 우월한 가치를 확정하려는 인간의 의지가 읽혀진다. 그러나 확장에의 욕망은 결과적으로 절대적 존재를 더욱 왜소하게 만들 뿐이다. "절대적 존재"라는 객관적 개성을 가진 절대적 존재는 결국 세상 안에서 동일한 성격의 다른 개별적 존재들과 **나란히** 자리 잡게 된다.

세상 안의 "절대적 존재"란 주체인 동시에 대상이면서 대상과는 뚜렷이 구분되는 존재이기 때문이다. 인간들, 동물들, 식물들, 별들, 대기현상들……은 사물들인 동시에 내적 존재들이며, 그것들은 같은 성격의 "절대적 존재", 즉 다른 불연속적 존재들과 나란히 놓고 고찰가능하다. 그것들이 결코 동등하다고 할 수는 없다. "절대적 존재"는 성의하자면 지배적인 위엄을 갖는다. 그러나 모두가 결국은 비슷해서, 거기에서는 내재성과 개성이 뒤섞이고, 모든 존재들이 신적일 수 있는가 하면, 작동의 능력을 가지며, 모두 인간의 언어를 말할 수도 있다. 그런 식으로, 모두는 동등성의 발판 위에 도열하기에 이른다.

나는 절대적 존재의 일반화가 얼마나 초라한 결과를 맞는지 보여주고 싶다. 기독교인들은 "원시인들primitifs"의 기억 속에 남은 수많은 "절대적 존재"들에게서 주저 없이 신의 의식을 볼 것이다. 그러나 신에 대한 초기 단계의 그 의식은 말하자면 동물적 감각의 개화가 아닌 퇴화의 결과일 뿐이었다.

5) 신성

모든 종족들이 그와 같이 "절대적 존재"를 생각해냈지만 그러나 그 작동은 어디서나 실패한 듯하다. 원시인들의 "절대적 존재"는 유대인들 또는 나중에 기독교인들의 신이 얻게 되는 특권을 갖지 못했다. 연속성의 감정이 지나치게 강하면 작동이 실패했듯이, 살아 있는 존재들이 세상과 맺는 동물적 또는 신적 연속성은 그것을 객관적인 개체성으로 제한시키려는 초기의 어설픈 시도에 의해 빈약하고도 제한적인 것으로 전락하고 말았다. 모든 점으로 미루어 보건대 초기의 인간들은 우리와 비교해볼 때 훨씬 동물에 가까웠다. 초기의 인간들도 물론 자신들과 동물을 구분하기는 했겠지만, 동물에 대한 노스탤지어와 공포가 없이 그러지는 않았을 것이다. 우리가 동물에게서도 볼 수 있듯이 연속성의 감정은 반드시 정신의 것만은 아니다. (반면 명백한 사물의 입장은 바로 정신의 부정이다.) 그러나 연속성의 감정은 연속성과 사물 세계의 대립에서 새로운 의미를 끌어냈다. 자신을 다른 어떤 것과도 구분치 못하는 즉자적 존재로서의 동물로 하여금 빈약한 속세적 도구(불연속적 대상)와는 대립적인 매혹적인 신성한 세계를 보게 한 것은 오직 연속성이었다.

그러나 신성의 감정은 안개 속에서 길을 잃은 것처럼 모든 것을 희미하게 볼 뿐인 동물적 연속성의 감정과는 분명 다르다. 혼란은 안개의 세계로 끝나지 않으며 신성한 안개는 오히려 흐릿한 전체와 명료한 세계의 대립을 보여줄 것이다. 전체는 경계에서 분명히 드러난다. 전체는 적어도 바깥, 명료한 것을 통해 구분된다. 동물은 그를 집어삼키는 내재성에 별 저항 없이 순응하는 반면 인간은 신성의 감정에 빠지면 거기에 대해 일종의 무능한 공포를 느낀다. 물론 그 공포는 막연한 것이다. 따라서 신성한 것은 의심의 여지없이 도저한 가치를 획득하지만, 동시에 그 신성한 것은 명료한 이 세상, 그리고 인류가 자기들의 특권적인 영역으로 확정한 속세적 세상에 지극히 위험해 보인다.

6) 정신적 존재들과 신들

순수 사물로서의 **대상**과는 달리 여러 실존들의[4] 평등과 불평등은

---

4   편집자 주석: 여기서 4, 5절은 손질이 가해졌다. 이전에는 여기에서의 "여러 실존들"
    이라는 표현이 4절의 마지막 두 문장들과 직접 관계가 있었다. "절대적 존재"란 원
    칙적으로 절대적 위엄을 지닌다. 그러나 세상의 분명한 창조자이자, 세상 안에서의

정신들을 계층화시킨다. 역시, 맨 위를 차지하는 존재들은 인간들과 "절대적 존재"이지만, 동물들도, 식물들도, 대기현상도 정신적 존재들임을 부인할 수 없다. 그리고 그 형세에는 미끄러짐의 물매가 있다. "절대적 존재"는 어떤 의미에서 순수정신이라고 할 수 있다. 죽은 인간의 정신은 산 사람의 정신과는 달리 물질적 현실에 의존하지 않는다. 그런가 하면 동식물의 정신과 개체로서의 동식물의 관계는 모호하다. 거기에는 주어진 현실들과는 무관한 신화적 관계가 문제가 된다. 조건들을 이렇게 정해보면 "절대적 존재"들처럼 육체에 의존하는 인간 정신들과 동물, 죽은 사람들, 자율적 정신들 사이에 근본적인 정신적 차이에 의한 계층화가 이루어짐을 알 수 있다. 절대 존재, 동물들, 죽은 사람들은 대체적으로 계층적 차이들이 미미하게 느껴지는 동질의 세계, 신화의 세계를 구성한다. 신들의 신, 하늘의 신으로서의 "절대 존재"는 일반적으로 다른 신들과 성질이 다른 것이 아니라 다만 더 강력한 힘을 가질 뿐이다.

개체로서의 절대적 존재는 다른 의미로 보면 여러 개체들 총체와 동등한 위치에 자리 잡는다. 여러 개체들은 절대적 존재와 마찬가지로 내재성에 참여하며, 절대적 존재가 그렇듯이 작동 능력을 지니며, 절대적 존재가 사용하는 언어를 사용한다.

간단히 말해 현실적 근거가 없는 신화적 정신들이 곧 신이다. 육체적 현실에 종속되지 않는 정신은 신이며, 또는 **신적**이다(신성하다). 인간은 그래서 정신적인 면으로 보면 신적이지만(신성하지만), 현실적인 면으로 보면 결코 신적일 수 없다.

7) 사물들 세계의 지위와 사물로서의 육체의 지위

사물, 대상, 도구, 연장의 지위 또는 대상 차원(여기에서는 주체와 다양한 다른 모든 유사 주체들이 모두 대상으로서의 가치를 지닌다)의 지위에서 보면 사람들이 살아가는 세상은 근본적으로 주체-대상의 연속이다. 그러나 절대적 정신 또는 비현실적인 신의 세계는 그와는 성질이 다른, 아니 차라리 대립되는 현실을 일구어낸다. 속세의 현실 즉 사물들 또는 육체 세계의 현실은 성스러운 신화적 세계와 대립한다.

연속성의 테두리 안에서 보면 모든 것은 정신적이며, 정신과 육체는 서로 대립하지 않는다. 그러나 신화적인 정령들 세계의 입장과 그 세계가 획득하는 절대적 가치는 자연스럽게 육체와 정신을 대립적인 것으로 보게 한다. 정신/육체의 차이와 연속성(내재성)/대상의 차이가 결코 같은 것은 아니다. 일차적 내재성 안에서는 정신과 육체는 제작된 도구로서의 지위 이외의 다른 차이가 없다. 대상 차원에서의 주체(주체-대상)의 입장으로 봐도 마찬가지다. 정신은 아직 육체와 구분되지 않는다. (절대적 정신에는 육체가 없다.) 사물들과 동등한 지위에 놓이는 것은 바로 자율적 정신들의 신화적 형상을 통해서이다. 현실적 세계는 신적 세계의 잔존물이다. 정신적 진실로부터 분리된 현실적 동·식물들은 차츰 도구들의 공허한 객관성과 결합하고, 죽을 운명의 인간의 육체는 점차 총체적 사물들과 일체를 이룬다. 인간의 현실은 정신의 정도에 따라 신성한가 하면, 현실의 정도에 따라 속세적이다. 동물들, 식물들, 도구들 그리고 우리가 다루는 사물들은 우리의 육체와 함께 현실 세계를 이루며, 비록 신적 힘이 그곳을 지배하고 관류하는 듯하지만, 그러나 그것은 타락한 신의 힘이다.

8) 먹힌 동물, 시체 그리고 사물

동물을 사물로 정의하는 것은 인간의 차원에서 보면 기본이다. 동물은 인간과의 대등성을 상실했으며, 인간은 자신 안에서 발견되는 동물성을 하나의 오점으로 여긴다. 동물을 사물로 간주하는 태도에는 물론 말할 것도 없이 일종의 위선이 개입한다. 동물은 스스로를 위해 존재하며, 동물이 사물이 되려면 죽어야 하든지, 순치되어야 한다. 그래서 동물은 죽어서 음식이 될 때만 대상으로 간주될 수 있다. 말하자면 동물은 오직 불고기 상태에서, 삶은 상태에서 또는 구운 상태에서만 사물일 수 있다. 고기 요리를 준비하는 과정이 반드시 요리법 연구의 의미를 갖는 것만은 아니다. 요리는 요리법 연구의 의미보다는 '인간은 사물로 만들지 않고는 아무것도 먹지 않는다'는 것을 의미한다. 적어도 일상적인 삶의 조건에서는 인간은 먹이가 되지는 않는 동물이다. 동물을 죽여서, 마음대로 주물럭거리는 요리란 사물이 아니던 것을 사물로 변형시키는 것이 아니라 살아 있는 동물을 처음부터 사물로 규정하는 것이다. 어떤 것을 죽여서, 자르고, 익힘으로써, 나는 암묵적으로 그것이 과거에도 사물이었음을 인정하는 것이다. 그러나 인간을 자르고, 익혀서, 먹는다고 생각하면 우리는 속이 불편해진다. 물론 죽은 사람의 살을 먹는 일은 아무에게도 해가 되는 행위는 아니다. 그럼에도 사람을 먹는 일은 있을 수 없다. 해부학이 더 이상 해괴한 짓이 아닌 것으로 여겨지기 시작한 것도 극히 최근의 일이다. 겉으로 보는 것과는 달리 엄격한 유물론자들조차 얼마나 종교적인지 그들에게도 인간을 예컨대 불고기, 구이…… 등으로 요리해서 먹을 수 있는 대상으로 취급하는 것은 죄악으로 여겨졌다. 육체에 대한 인간의 태도는 놀라울 정도로 복잡하다. 정신을 소유한 인간의 입장에서 보면 동물의 육체를 가진다는 것은, 즉 사물처럼 존재한다는 것은 비참한 일이며, 반면 육체를 가진 인간으로서 정신적 기층을 따로 갖는다는 것은 영광이다. 그럼에도 정신과 육체-사물은 얼마나 긴밀하게 연결돼 있는지 육체-사물은 끊임없이 정신의 유령에 사로잡히며, 죽음이 그를 완전한 사물의 상태로 만들 때까지는 결코 사물이 아니다. 이제 정신은 어느 때보다도 더욱 현재적이다. 육체는 정신에 봉사할 때보다도 정신을 배반할 때 오히려 정신을 더 잘 계시한다. 어떤 의미에서 시체는 정신의 가장 완전한 긍정이다. 죽음이 가져다주는 결정적인 무능과 부재는 정신의 본질을 계시하며, 죽음을 당하는 사람의 외마디는 삶의 최상의 긍정이다. 거꾸로, 사람의 시체는 동물의 신체를, 즉 살아있는 동물을 사물로 완전히 환원시키는 계기가된다. 원칙적으로 육체는 그 자체로는 아무 의미도 없는 종속적인 요소이다. 육체도 화폭, 철, 또는 나무토막과 마찬가지로 용도에 있어서 다름이 없다.

9) 노동자와 도구

일반적으로 사물의 세계는 타락한 세계로 여겨진다. 사물의 세계는 그 세계의 창조자를 벗어난다. 근본 원칙은 이렇다. 어떤 것을 종속시킨다는 것은 종속적 대상뿐만 아니라 그것을 종속시킨 주체의 변형을 의미한다. 도구는 자연과 인간을 동시에 변화시킨다. 도구는 도구를 제작하고 그것을 사용하는 인간에게 자연을 종속시키게 해주는 한편, 굴복된 자연과 인간을 연결시키는 매개이기도 하다. 그러나 자연은 인간의 소유가 될 뿐 끝내 인간에게 내재적인 것은 되지 못한다. 자연은 인간에게 닫혀 있을 때만 인간의 것일 수 있다. 인간이 세계를 지배할 수 있는 것은 인간 자신이 세계임을 잊을 때이다. 그런데 사실, 인간이 세계를 부정함으로써 결과적으로 부정하는 것은 인간 자신이다. 나는 내 마음대로 나와 대등한 관계에 있는 모든 것을 그것들 자체의 목적을 위해서가 아니라 생소한 어떤 다른 목적을 위해서 존재하는 것으로 생각한다. 마차의 목적은 그 마차의 본래적 현실과는 다르며, 밀알 또는 송아지 고기 한 점의 목적도 마찬가지다. 내가 동물처럼 밀 또는 고기를 먹는다면, 그 순간 밀과 고기는 자체의 목적을 벗어나며, 밀과 고기는 애초의 가치를 상실하게 되고 말 것이다. 밀과 고기는 결코 처음 상태의 밀과 고기로 남을 수 없다. 밀알은 농산물 단위이며, 소는 가축의 한 마리이다. 밀을 경작하는 사람은 경작자이며, 소를 기르는 사람은 사육자이다. 경작자가 경작하는 순간에는 경작자의 목적이 있겠지만 그 목적은 그의 최종목적일 수 없으며, 사육자가 사육하는 시점에서의 목적은 사육자의 최종목적일 수 없다. 농산물과 가축은 사물들이며, 사육과 경작의 순간만큼은 경작자, 사육자도 사물들이다. 그러나 이는 구분과 한계가 없는 내재적 무한성과는 무관하다. 인간이 내재적 무한성의 일원이 되면, 또는 그러한 세계에 속하게 되면 인간은 더 이상 인간이 아니다. 경작자는 인간이 아니다. 경작자는 빵을 먹는 사람의 수단인 셈이다. 결국 먹는 행위는 밭의 노동을 전제하며, 또 먹는 행위는 밭의 노동에 에너지를 제공한다.

3. 제사, 축제 그리고 신성세계의 원칙들

1) 제사의 필요성과 원칙

식물과 동물을 그리고 경작자와 사육자를 사물의 세계로부터 건져내기 위해 사람들은 가축의 머리로 또는 첫 수확물로 제사를 지낸다. 제사의 원칙은 파괴이다. 그러나 제사는 이따금 철저히 파괴하기도 하지만(대학살처럼), 제사가 의도하는 파괴는 사실 절멸은 아니다. 제사는 희생자에게서 오직 사물―다만 사물―만을 파괴하려고 한다. 제사는 대상의 현실적 종속 관계들을 파괴한다. 제사는 유용성의 세계에서 제물을 건져내서 알 수 없는 전횡의 세계로 옮겨놓는다. 제사장이 동물을 제사에 바치면 그 순간 거기에 바쳐진 동물은 사물의 세계―인간에게는 닫힌, 그래서 오직 바깥밖에 인식할 수 없고, 그래서 결국 인간에게는 아무것도 아닌 세계―에서, 마치 육체적 관계를 맺을 때의 소모로서의 여자가 그렇듯이 내재적인, **내밀한** 세계로 옮겨간다. 말하자면 노동에 종속되었던 제물이 이제는 내밀성에 종속된다는 말이다. 인간과 세계, 주체와 대상 간의 내재성, **내밀성**의 회복을 위해서는 제사장과 사물 세계의 사전 분리는 필수적이다. 사물의 세계로부터 벗어나려면 제사장은 제물이 필요하다. 일단 제사장은 사물의 세계와 자신을 분리시킨다. 제물도 사물의 세계로부터 분리될 수 없을 것이다. 제사장은 말한다.

"내밀하게intiment, 나는 나의 아내가 나의 욕망에 그렇듯이 거칠고도 계산 없는 은사의 세계에, 신들의 절대 세계에, 신화의 절대 세계에 참여한다. 나는 희생자 너를 과거에 네가 있던 세계로부터, 너의 내적 본성과는 상관없는 의미를 갖는 사물의 상태로부터 너를 건져낸다. 그래서 나는 네게 신적인 세계의 내밀성과 존재하는 모든 것의 심오한 내재성을 회복시켜준다."

2) 신적인 세계의 비현실성

물론 위의 말은 독백에 가까운 것이며, 희생자는 그 말을 들을 수도 대답할 수도 없다. 본질적으로 제사는 현실적 관계에 등을 돌린다. 구분이 뚜렷한 **현실**, 그 사물 세계의 대척점에 자리를 잡는 것이 제사인데, 만약 제사가 현실적 관계를 고려한다면 제물은 제물로서의 특성을 놓치는 결과를 가져올 것이다. 제사는 동물의 현실성을 부정하니까 파괴도 할 수 있는 것이다. 그때에 제사의 세계에는 순수한 은총의 양상이 부여된다. 현실의 한계를 인정하는 동시에 그 가치를 파괴할 수는 없다. 의식과 내밀성은 대립적인 것이어서 의식은 사물로서의 대상을 직접 포착하는 반면, 내재적 내밀성으로의 회귀는 막연한 의식을 전제하기 때문이다.

3) 죽음과 제사의 일상적 결합

제사의 무의식은 얼마나 순진무구한지 심지어 죽임을 당한 동물, 비참한 사물 상태에 빠진 동물(또는 그 동물이 당하는 모욕)에 대한 보상의 한 방식으로 보이기까지 한다. 사실 반드시 죽여야 할 필요는 없다. 그러나 신비적 질서를 들어서게 하는 가장 좋은 방식은 현실적 질서의 철저한 부정이다. 그런가 하면, 제사를 위한 죽임은 삶과 죽음의 고통스런 대립이라는 전복을 통해 해결을 본다. 물론, 죽음은 내재적으로 보면 아무것도 아니다. 그러나 어떤 존재가 죽음으로부터 완전히 벗어날 수 없는 것은 역설적이게도 죽음이 아무것도 아니기 때문이다. 죽음은 아무 의미가 없기 때문에 죽음과 삶의 차이는 논할 수도 없으며 죽음에 대해서는 두려울 것도 없고, 방어할 이유도 없다. 죽음은 아무런 저항도 받지 않고 모든 것을 포위한다. 죽음은 우리의 지속적 삶을 정지시키든지 아니면 고뇌와 병적 쾌락을 유발시키면서 거기 있을 뿐이다. 반면 주체와의 관계에서 보면 사물 세계의 객관적, 또는 초월적 입장은 우리의 지속적 삶을 근거로 삼는다. 지속적 삶이 전제되지 않으면 어떤 **사물**도 사실 분리된 입장을 갖지 못하며, 의미가 있을 수 없다. 대상이 어떤 작동적 힘으로 뚜렷하게 부각되려면 지속적 삶을 끌어안아야 한다. 사물은 음식물처럼 또는 가연성 물질처럼 파괴될 수 있다. 그러나 빵은 음식을 먹은 사람을 통해 그리고 석탄은 연소와 제조된 물건을 통해 그 가치가 유지되며, 석탄이나 음식물은 결국 그런 식으로 지속이라는 동일한 목적이 보존되는 셈이다. 현실 세계와 미래는 어찌나 잘 짝을 이루는지 죽음은 현실 세계에 끼어들 자리가 없다. 그러나 바로 그런 이유 때문에 죽음은 현실 세계의 전부이기도 하다. 사실 세상의 일원으로서의 인간은 죽을 수밖에 없으며, 그렇다면 육체도 사물의 입장을 벗어나지 못한다. 인간과 사물 세계가 그렇게 긴밀하게 연결되어 있는데도 불구하고 우리는 죽음을 비현실적으로 본다. 사물 세계의 취약성(모순)은 바로 거기에 있다.

물론 이는 피상적 관점에 불과하다. 사물의 세계 즉 현실 세계에서 자리를 잡지 못하는 비현실이 죽음이 아니다. 죽음은 오히려 두 가지 차원에서 현실의 기만을 드러낸다. 죽음은 우선 지속의 부재를 통해, 이어 삶의 위대한 긍정을 통해 현실의 위선을 폭로한다. 현실적 질서는 현실의 부정 즉 죽음을 거부하며 내밀한 내재적 삶도 부정한다. 내밀한 내재적 삶의 폭력성은 사물들의 안정에 해를 끼치는데, 그 위험은 죽음을 통해 한껏 드러난다. 그래서 현실적 질서는 내밀한 삶을 정지시켜서—또는 중화시켜서—노동 사회의 개체로서의 사물을 거기에 대체시키려 한다. 그러나 삶이 죽음에 묻힌다 해도 삶의 보이지 않는 광채—사물이 아닌 부분—는 드러나게 되어 있다. 죽음의 능력, 이 말은 현실 세계가 삶을 오직 객관적으로 바라볼 뿐인 것 같지만 마지막 순간에 이르면 삶의 내밀성이 맹목적 폭력성을 발휘하게 된다는 말이다. 내밀성이 거기 있음에도 아무도 **내밀성의 존재**를 알지 못했다. 우리는 현실적 사물들을 위해 내밀성을 무시한 것이다. 죽음조차도 다른 모든 것과 마찬가지로 현실적 사물로 취급된다. 그러나 죽음은 갑자기 현실 사회가 거짓말을 하고 있었음을 밝힌다. 이제 중요한 것은 유익한 개체의 상실, 사물의 상실이 아니다. 현실 사회가 잃어버린 것은 한 개체가 아니라 그 개체의 가치이기 때문이다. 전에는 내게 충분히 와 닿지 않던 그 내밀한 삶—전에는 사물로 대하던 내밀한 삶—이 이제는 그 부재를 통해 내게 한껏 다가온다. 죽음은 이처럼 삶을 한껏 드러내면서, 현실적 질서를 무너지게 한다. 따라서 이제는 현실적 질서가 더 이상 존재하지 않는 어떤 것의 지속을 위해 필요한 것인지 아닌지를 묻는 것은 더 이상 큰 의미가 없다. 존재에의 요구를 벗어날 수만 있다면 개체는 죽음을 고통스러워하지 않을 수 있다. 현실적 차원의 개체는 느닷없이 사라져버려서, 더 이상 문제될 것이 없다. 눈물로 애도하지만 죽음은 내밀한 질서ordre intime의 완성인 것이다.

죽음과 슬픔이 긴밀한 관계에 있다고 하는 생각은 참으로 순박한 생각이다. 우리는 죽음 앞에서 운다. 그러나 살아있는 사람들의 눈물이 기쁨과 대립적 의미를 갖는 것은 결코 아니다. 눈물은 고통이기는커녕 삶의 내밀성에서 포착되는 삶에 대한 날카로운 의식의 표현이다. 사실 의식이 가장 날카로워지는 순간은 죽음에 의한 것이든 또는 단순한 이별에 의한 것이든 존재에 이어 부재가 올 때이다. 그리고 그 경우 위로(신화의 "위로"consolations des mystiques에서의 '위로'라는 단어가 말하는 바른 의미에서의 위로)란 어떤 의미에서 지속의 사라짐을 통렬하게 의식하는 것을 의미하는데, 정확히 말하면 현란한 빛-사물의 근거로서의 지속의 사라짐 그리고 그와 더불어 지속과 관계된 중성적인 행위들의 사라짐을 의식한다는 말이다. (다른 말로 하면, 지속의 욕구besoin de la durée는 우리로부터 삶을 앗아가며, 그리고 오직 이론적으로 그럴 뿐이지만, 우리를 자유롭게 해주는 것은 오히려 지속의 불가능성이다.) 좀 비틀어 보자면, 눈물은 오히려 예상치 않은 승리, 장래를 염려할 필요가 없을 만큼 미친 듯이 울고 싶게 만드는 뜻밖에 얻은 기쁨을 표현하는 것이기도 하다.

4) 제사의 성취

일반적으로 죽음과 제사는 공통점이 있는데, 가치를 버림으로써 잃어버린 가치를 회복시킨다는 점에서 그렇다. 그러나 죽음은 반드시 제사와 연결된 것만은 아니다. 그리고 아무리 장중한 제사라도 반드시 피를 요구하는 것은 아니다. 제사는 살해가 아니라, 버림이며, 줌이다. 제사는 깊은 의미의 드러냄 자체이다. 중요한 것은 지속의 질서─그곳은 모든 재원이 지속의 필요성에 의해 소모될 뿐이다─에서 무조건적 성취consumation inconditionnelle의 폭력으로 옮겨가는 것이다. 중요한 것은 순간이 아닌 장기적 계획에 근거해서 현실 세계─창조하고 보존하는 세계, 지속적 현실을 위해서만 창조하는 세계—를 벗어나는 것이다. 제사는 미래를 염려하는 생산의 반대명제이며, 오직 순간에만 관심을 갖는 성취이다. 바로 그런 의미에서 제사는 버림이고, 줌인 것이다. 그러나 그렇다고 주어진 어떤 것이 받은 쪽의 보존의 대상이라는 말은 아니다. 제사는 제공된 대상을 갑작스럽게 성취의 세계로 들어서게 한다. 본질적으로 볼 때 불과도 비교되는 "신성에 제사 지낸다"라는 말은 바로 그런 의미이다. 제사 지낸다라는 말은 석탄을 화로에 집어넣는 행동과도 같은 행동이다. 그러나 다른 점이 있다. 석탄이 타는 화로는 대체적으로 부인할 여지없는 유용성을 갖는 반면 제물은 그런 모든 유용성을 벗어나기 때문이다.

제사의 정확한 의미를 찾자면 바로 이와 같다. 말하자면 우리는 사치품을 제사 지내는 것이 아니라 **유용한 것**ce qui sert을 제사 지낸다. 뿐만 아니라 손상된 제물로 제사를 지낼 수도 없다. 사치품이란 제작을 위한 노동의 유용성을 애초에 제거시켜버린 물건이다. 사치품은 이미 노동을 파괴해버린 셈이며, 헛된 광채를 위해 노동을 뭉개버린 셈이다. 제작되는 바로 그 시점에서 사치품은 유용성을 잃는다. 사치품을 제사 지낸다면 그것은 같은 대상을 두 번 희생시키는 것이 된다.

뿐만 아니라 애초에 내재성이 없는 대상은 제사가 불가능하며, 아예 내재성을 모르는 대상이 나중에 내밀성의 사물로 순치된다거나 속할 수는 없기 때문이다. 제사는 동물, 식물들처럼 사물화시킬 수 있는 정신적인 대상들에 대해 가능하며, 그것들의 내재성, 잃어버린 내밀성의 희미한 세계를 회복시켜줄 수 있을 때 가능하다.

5) 개인, 고뇌 그리고 제사

내밀성은 담론으로 표현해내기 어렵다.

금방이라도 터질 것 같은 팽창, 눈물, 이를 악물게 하는 악의, 어디서 시작한 것인지도 알 수 없고, 어디로 가는지도 알 수 없는 추락의 느낌, 어둠 속에서, 두려움이 목청껏 노래 부른다. 흰 눈의 창백함, 감미로운 슬픔, 분노와 구토…….

개체성 부재의 열정, 들릴 듯 말 듯 강물 흐르는 소리, 창백한 텅 빈 하늘 등도 넓은 의미로 보면 내밀성이라고 말할 수 있지만, 이와 같은 부정적 정의들은 본질이 빠져 있다.

이런 말들은 이해가 어려운 막연한 느낌을 주는 말이다. 그런가 하면 뚜렷한 듯한 정의들은 숲 대신 나무를 보여줄 뿐이다.

그렇더라도 따져보지 않을 수 없다.

역설적이게도 내밀성은 폭력이며, 파괴이다. 왜냐하면 내밀성은 분리된 개체의 입장과는 양립할 수 없는 성질이 있기 때문이다. 제사에서 개체를 묘사해보자, 그러면 개체는 고뇌로 정의된다. 개체가 고뇌인 이유는 개체가 제사에 참여하기 때문이다. 갑작스런 어느 한 순간 개체는 제물과 동화되면서 내재성을 회복한다. 그러나 내재성 회복을 통해 제물과 개체가 하나가 된다면, 그것은 제물은 사물이고 제사장은 개체라는 조건에 근거한다. 분리된 개체는 사물과 다를 것이 없다. 개체로 머물려는 개체의 고뇌는 사물들 세계의 실존적 통합과 관계를 맺는다. 달리 말하자면 노동은 사물을 내포하고, 사물은 노동을 내포하는 점에서 노동과 죽음의 공포는 서로 긴밀하다는 말이다. 개인적 인간의 두려움과 노동의 결과는 긴밀하다. 사실 공포를 아는 사물이 되기 위해 노력할 필요는 없다. 인간은 생각만큼 사물도 아니다. 왜냐하면 그는 두려움을 갖기 때문이다. 인간이 개체(사물)가 아니었다면 고뇌도 없었을 것이다. 인간의 고뇌는 본질적으로 개체성에서 온다. 인간은 사물의 세계, 즉 사물 세계의 요구를 인간적 삶의 근본적 조건으로 여기기 시작하면서 두려움을 알게 된다. 인간은 사물 질서의 체계에 들어가면서 죽음에 대한 두려움을 갖게 되는 것이다. 우리는 사물의 질서를 붙잡는데 죽음은 사물의 질서를 깨뜨린다. 인간은 사물의 질서와 타협 불가능한 내밀한 질서에 대해 두려움을 갖는다. 그렇지 않았다면 제사도, 인류도 없었을 것이고, 내밀한 질서, 개체성의 신성한 고뇌가 그 파괴적 모습을 드러내지도 못했을 것이다. 인간은 오직 자연적 특성(인간의 자연적 특성을 구성하는 계획)이 위협받을 때만 진통을 겪으면서nimbée d'angoisse 그 내밀한 고뇌의 성스러운 신성에 이르게 되는 존재이다.

6) 축제

사물의 질서가 생명을 이어주는 지속이라면 신성은 그 연결을 풀어헤치는 놀라운 폭발, 즉 폭력이다. 축제는 끊임없이 둑을 무너뜨리려고 위협하며, 축제가 성취되면 이제 순수광채의 전염적 충동이 생산 활동을 가로막는다. 신성은 정확히 말해서 나무를 태워서 소진시키는 불길과도 같다. 축제는 사물의 대립항으로서의 불길이며, 그래서 축제는 열과 빛을 분산시키면서 번지고, 불을 붙이며, 축제의 불길에 휩싸인 사물은 다시 불길이 되어 다른 것에 불을 붙이고,

앞뒤 없이 타오른다. 저녁이 되면 엄청난 광채의 태양도 서녘에 지듯이 제사도 시들지만, 그러나 결코 단절을 모르는 제사는 개체들의 총체적 부정을 초래한다.

신적인 세계는 전염성이 강하며, 그 전염성은 위험하다. 원칙적으로 제사는 갑자기 내려치는 벼락과도 같다. 다시 말해 제사는 앞뒤를 가리지 않고 불길을 내린다는 것이다. 그러나 축제는 동물성이 아니라 인간의 삶을 도모한다. 눈물이 나올 정도로 강한 내재성에 대한 저항은 고백할 수 없는 고뇌의 쾌락을 안겨주기도 한다. 그러나 성취조차도 오직 상실을 위한 조건일 뿐인 것이 제사이며, 그래서 내재성에 몸을 내던져버리면 인간은 인간성을 상실할 수가 있다. 그러면 이제 마침내 삶이 되돌아가는 곳은 짐승들의 무의식적 내밀성이다. 사물이 되지 않고는 인간이 될 수 없고, 동물의 무의식으로 돌아가지 않고는 사물의 한계를 벗어날 수 없다. 이는 제한적이나마 축제가 가져다주는 해답이다.

축제의 일차적 충동은 인간성에서 찾아진다. 그러나 그 충동은 고통 가운데 제사에 집중하지 않으면 넘치는 폭발에 이를 수 없다. 축제는 사람들을 모아, 그들에게 전염성이 강한 제물의 성취(영성체)를 통해 제한적 의미의 지혜와는 정반대의 불길을 향해 문을 열게 한다. 이제 축제는 파괴적 열망을 분출시킨다. 그러나 보존만을 염두에 두는 인간의 신중성은 그와는 반대 방향으로 축제를 다스리고 제한한다. 한편에 성취에의 모든 가능성들이 집합한다. 춤, 시, 음악 그리고 다양한 예술들이 축제를 웅장한 폭발의 시간과 장소로 만든다. 그러나 우리의 명료한 의식은 고통에도 불구하고 바깥으로부터의 충동을 기다리는 한편 그 폭발에 뛰어들지 못한 채 오히려 사물 세계의 질서—본래 예속과 마비가 천성인 사물 세계의 질서—에 그 폭발을 순치시키려고 한다. 그래서 축제의 폭발은 현실적 한계의 제한—족쇄가 아닌 제한—을 받으며, 폭발은 말하자면 그 한계의 부정인 셈이다. 축제가 용인될 수 있는 것은 바로 속세적 세계의 필요성이 지켜지는 한에서이다.

7) 축제의 한계, 유용성에 근거한 해석 그리고 집단의 입장

축제는 인간의 삶을 용해시킨다. 축제는 내밀한 삶에서 솟아나는 강렬한 열로 인해 사물과 개인의 구분이 녹아 없어지는 도가니이다. 내밀성은 제례 의식에 참여하는 전체를 현실적, 개별적 상황속에 끌어넣어 용해시킨다. 그러나 하나의 여건으로서의 사회, 즉

현실적 공동체communauté réelle — 미래를 위한 공동작업의 사회— 의 안전을 위해 축제는 일정 제한이 있다. 물론 축제는 그럼에도 불구하고 유용한 작업들을 엮는 고리 역할을 한다. 축제는 일견 도취, 카오스, 통음난무라는 내재성으로 빠져 들어간다. 그러다가 이제 축제는 온갖 정신 세계의 한계를 초월하는데, 그 제의적 충동들이 내재성의 세계로 미끄러지는 것은 정신들의 중재를 통해서이다. 마치 사물에 작동 능력이 부여되듯이, 축제에 의해 유지되고 제사로 축성된 정신들, 제사가 바쳐진 정신들, 즉 제물로 바쳐진 정신들의 내밀성에는 작동 능력이 부여된다. 축제 자체는 마침내 하나의 작동으로 이해되며, 축제의 유효성은 더 이상 의심받지 않는다. 밭의 경작 가능성과 양 떼들의 축산 가능성이 제의에 바쳐진다. 양도를 통한 제의의 작동 형태formes opératoires들은 비천하기는커녕 신적 세계의 가공할 폭력에 불의 몫을 부여한다. 어쨌든, 축제를 긍정적 차원의 수태로 보든, 부정적 차원의 속죄로 보든 공동체는 축제가 시작되면 축제는 마치 하나의 사물처럼 개체화와 지속을 염두에 둔 공동체 작업으로 드러난다. 축제는 내재성으로의 회귀가 아니라 양립 불가능한 필요성들 사이의 고뇌 가득한 일종의 우호적 화해이다.

물론 축제가 시작된다고 공동체가 반드시 사물의 입장을 취하는 것만은 아니다. 오히려 공동체는 정신(주체-사물)으로 자리 잡으며, 따라서 축제의 내재성을 제한하는 입장을 취한다. 공동체의 사물 측면이 더욱 강조되는 이유는 거기에 있다. 축제가 아직 시작되지 않았거나, 축제가 끝나면, 축제와 공동체 사회와의 관계는 더욱 작동 형태로 나타나며, 이제 작동이 주요 목표로 삼는 것은 생산물, 수확물 그리고 가축들이다. 현재 진행 중인 축제(폭발하는 바로 그 순간의 축제)는 명료하게 의식할 수 없으며, 오직 그것이 공동체 사회의 삶에 통합될 때만 의식의 자리를 차지할 수 있다. 축제는 의식적으로 공동체 사물의 지속에 종속되는가 하면 지속을 멈추게 하는데, 축제(태워 없애기 또는 불놀이)란 바로 그런 것이다. 그러나 이는 축제 자체의 고유한 불가능성과 명료한 의식에 사로잡힌 인간의 한계를 잘 드러내주는 대목이기도 하다. 축제는 인간을 내재화시키기 위해 벌어진다. 그러나 내재화를 회복시키기 위한 조건은 의식의 모호성이다. 동물(성)과 명료한 의식의 인간(성)이 대립을 유지하는 한 인간은 내재성을 회복할 수 없다. 축제의 미덕은 인간의 천성과 일치하지 않으며, 또한 축제의 폭발은 오직 인간이 축제를 올바로 의식할 수 없을 때만 가능했다. 종교의 근본은 이처럼 축제에 대한 운명적 몰이해에서 비롯되었다. 인간은 막연한, 즉 불분명한 내밀성을 잃어버린, 또는 거부한 존재이다. 의식은 불편한 내용들을 벗어 던질 때 명료해질 수 있지 않을까? 그러나 명료한 의식은 잃어버린 것을 다시 찾아 나서며, 역설적이게도 의식은 그 잃어버린 것에 가까이 다가갈수록 다시 길을 잃을 수밖에 없다. 물론 의식이 잃어버린 것은 의식의 바깥에 있는 것이 아니다. 의식이 잃어버린 것은 의식 자체의 모호한 내밀성이다. 사물을 의식하는 명료한 의식이 외면하는 것은 그 모호한 내밀성이다. 그러나 그 노력은 헛되다. 왜냐하면 잃어버린 내밀성의 추구가 본질인 종교와 단순히 자아의식으로 바꿔 부를 수 있는 명료한 의식의 노력은 서로 화해 불가능하기 때문이다. 내밀성의 의식은 오직 의식이 더 이상 작동하지 않을 때만 가능하다. 다시 말해 내밀성의 의식은 지속을 내포하는 작동의 결과로서의 빛이 더 이상 비치지 않을 때 가능하다는 말이다.

8) 전쟁 : 바깥을 향한 폭력과 폭발의 환상

축제의 용해가 그 근거를 마련한 사회의 개체성은 일단 제사를 사물 세계에 통합시키는 현실적 업적의 차원 — 농산물 — 에서 보면 이해될 수 있다. 그러나 한 집단의 통일성은 파괴적 폭력을 바깥으로 향하게 하는 특성이 있다.

사실 외부적 폭력은 원칙적으로 폭력을 내부로 향하게 하는 제사 또는 축제와 대립적이다. 종교만이 인간의 실체를 소진시키고 파괴시킨다. 전투 행위는 다른 사람들을 또는 그들의 풍요를 파괴한다. 전투 행위는 집단 내부의 개인에게도 가능하지만 대체로 전투 행위는 구성 집단에 의해 바깥으로 행사되며, 전투 행위가 심각한 결과를 초래하는 것은 바로 그때이다.

살상이 행해지는 전쟁, 약탈, 침략적 전투 행위는 적을 사물로 취급하지 않는 점만 빼면 축제와 매우 유사한 의미를 갖는다. 그러나 전쟁은 폭발력에 한계를 두지 않는다. 또는 한계가 있다 해도 전쟁은 잃어버린 내밀성 회복의 완만한 행위로서의 제사와는 다르다. 전쟁은 병사로 하여금 내재성을 잃게 만드는 바깥으로부터의 느닷없는 침입이다. 그리고 전쟁은 개인의 생명과 가치를 위험에 빠뜨림으로써 개인을 와해시키려는 경향이 있는가 하면 또한 그와는 반대로 살아남은 개인을 그 위험한 놀이의 수혜자로 만듦으로써 생명의 가치를 강조하는 역할을 하기도 한다.

전쟁은 병사를 초라한 사물individu-chose로서의 개체가 아닌 영광스런 개체로 승화시켜준다. 영광스러운 개체는 개체성의 부정을 통해 개체(개체는 근본적으로 사물의 질서를 표현한다) 안에 신적 질서를 끌어들인다. 영광의 찬란한 개체는 동시에 지속을 부정하려는 모순적 의지를 갖는다. 따라서 개체의 힘은 허위의 힘이라고 할 수도 있다. 전쟁이란 무모한 전진을 표상한다. 그보다 거친 것이 없다. 과대평가하는 것에 대해 무관심한 태도, 또는 스스로 아무것도 아니라고 허영을 부리는 태도는 힘이 있는 태도인 만큼, 순박한 또는 바보 같은 태도이다.

9) 전쟁의 폭발을 인간 상품으로 엮어내기

전쟁의 이러한 외면적 거짓 특성은 중요한 결과를 낳는다. 전쟁은 엄청난 참해ravage를 가져오는 데 그치지 않는다. 병사는 이해관계를 따지는 노동 행위를 배제하려는 소명의식을 막연하게나마 유지하는 한편, 자기와 동류의 인간을 예속시킨다. 병사는 그렇게 함으로써 폭력을 통해 인류를 전적인 사물의 질서로 환원시키려 든다. 물론 병사가 그 작업의 선도자는 아닐 것이다. 노예의 사물화는 노동제도의 확립이 전제되어야 한다. 자유노동자가 자발적으로 사물로 처신하는 것은 일정기간뿐이다. 군사적 질서에 의해 상품화된 노예만이 사물화의 결과를 충분히 끌어낼 수 있다. (노예제도가 없는 사물의 세계는 완전한 사물화의 세계에 이를 수 없다는 사실도 다시 강조해 둘 필요가 있다.) 이처럼 병사의 투박한 무의식은 주로 현실적 질서의 우세를 돕는다. 병사가 차지하는 신성의 권위는 세계를 유용성으로 끌어내린 뒤 얻은 거짓 권위이다. 병사의 품위는 오직 얻을 이익이 진리인 창녀의 웃음과 마찬가지다.

10) 인간 제물

노예를 제사 지내는 행위는 **유용한 것**을 제물로 바치는 인간 세상의 원칙을 잘 설명해주는 좋은 예이다. 인간의 타락을 확인시켜 주는 노예의 예속성은 노예를 금방 폭발할 불길한 내밀성과 다름 아닌 것으로 만들어 준다.

대체적으로 현실적 질서 또는 지속을 거부하는 폭력적 충동의 치열한 전투는 인간을 제물로 바치는 제의의 한 예이며, 유용성 제일주의를 정면으로 거부하는 순간이다. 그런가 하면 인간을 제물로 바치는 전투는 내적 폭력의 가장 뜨거운 폭발의 한 형태이다. 인간 제물이 만연하는 사회는 원칙적으로 하나의 폭력과 다른 폭력 사이의 불균형을 거부한다. 자신의 파괴적 힘을 바깥으로 분출시키는 사람은 재원을 아끼지 않는다. 그는 또한 적을 노예화시켜서 그 새로운 전리품을 찬란한 영광의 목적에 써야 한다. 유용하게 쓰일 수 있지만 물건의 일부는 파괴해야 한다. 왜냐하면 가까이 있는 유용한 것은 아무것도 신비적 차원의 소모적 요구를 충족시킬 수 없기 때문이다. 파괴를 향한 초월의 메커니즘은 개별적 집단의 입장을 그런 식으로 긍정하는 동시에 부정한다.

그러나 이러한 소모에의 충동은 소모의 본질이자 사물로서의 노예를 표적으로 삼는데, 우리는 그것을 외부의 적을 대상으로 갖는 폭력적 충동과 혼동해서는 안 된다. 다시 말해 노예의 희생은 결코 순수하지는 않다는 말이다. 희생의 본질인 내적 폭력을 품고 있다는 점에서는 노예의 희생도 어떤 의미에서 전투의 연장이지만, 그럼에도 전투에는 못 미친다. 강력한 소모는 최고의 희생을 요구하는데, 그 희생은 어떤 민족이 소유한 유용한 물질적 풍요뿐 아니라 그 민족 자체까지도 포함한 희생이다. 적어도 희생을 의미하는 요소들, 그리고 희생에 바쳐지는 요소들은 신성한 세계와의 거리―추락―때문이 아니라 그와는 반대로 절대군주 또는 어린아이들처럼 (아이의 죽음은 희생을 두 번에 걸쳐 실현시킨다) 외적인 인접성 때문에 희생된다.

욕망은 생명체substance vitale를 소진시키고 싶어 하는 데까지 이른다. 이보다 더 무모한 소모는 있을 수 없다. 강력한 소모의 충동은 불안을 이기기 위해 더 큰 불안을 만들어낸다. 소모가 종교적 체계의 절정은 아니다. 소모는 오히려 종교가 종교를 단죄하는 순간이다. 미덕을 잃은 고대의 종교적 형태가 체제를 유지하기 위해서는 오직 극단 또는 아주 부담스러운 혁신에 의지하는 수밖에 없었다. 많은 징후들에 의하면 그러한 잔인한 요구들이 쉽게 받아들여진 것은 아니었다. 협잡은 왕의 자리에 노예를 대체시켰으며, 노예에게 잠정적으로 왕권을 양도했다. 소모의 원칙은 군사의 원칙을 이겨낼 수 없었다.

2부

이성의 한계 내에서의 종교

(군사적 차원에서 산업 증대로)

1. 군사적 질서

1) 자원과 소비의 균형에서 발전을 위한 힘의 비축으로

인간을 제물로 바치는 제의는 극단적 풍요를 증명하는 동시에 그 극단적 풍요를 소비하는 고통스러운 방식이다. 동시에 그 제의는 전체적으로 보면 성장이 미미한, 그래서 소비가 재원의 양에 따라 이루어지는 아주 안정된 체계들을 단죄하는 방식이다.

군사적 체제는 통음난무의 소모로부터 기인하는 불안에 종지부를 찍어준다. 군사적 체제는 군사력을 힘의 확장을 위해 사용하도록 명령한다. 정복의 정신은 희생의 정신과는 반대이다. 군사적 체제의 왕은 처음부터 희생을 거부하며, 군사적 체제의 원칙은 폭력을 철저히 바깥으로 돌려서 할 수 있는 한 내적 폭력을 저지하려는 데 있다. 군사적 체제의 원칙은 그렇게 폭력을 바깥으로 돌림으로써 폭력을 하나의 현실적 목적에 종속시킨다. 전쟁의 원칙은 대체로 위와 같다. 이처럼 군사적 체제의 원칙은 유효성이라는 합리적 계산보다는 광적인 분노라는 화려한 폭발의 형태와 대립적이다. 고대 사회의 전쟁이나 축제와는 달리 군사적 체제의 원칙은 힘의 최대 소비를 목표하지 않는다. 힘의 소비가 없는 것은 아니다. 그러나 군사적 체제의 원칙에 의한 힘의 소비는 기껏해야 이익의 원칙을 벗어나지 않는 한에서의 힘의 소비로서, 단지 더 큰 힘을 얻기 위한 것이다. 고대 사회는 전쟁을 통해 노예를 약탈했지만, 고대 사회의 원칙에 따라 전쟁에서 얻은 획득물을 대량 희생시켰다. 반면 군사적 체제는 전쟁을 통해 노예를 얻었으며, 노예를 통해 노동력을 얻었다. 군사적 체제는 전승이 하나의 훌륭한 작전이었던 바, 제국의 확장을 위한 작전이었던 것이다.

2) 일반적 사물로서의 제국의 입장

제국은 우선 현실적 질서의 원칙을 벗어나지 않는다. 제국은 자신을 하나의 사물로 간주하며 스스로 정한 목적에 복종한다. 제국은 말하자면 이성의 경영이다. 그러나 제국은 그 경계선에 위치한

다른 제국의 동등권을 인정하지 않는다. 제국 주변의 모든 다른 제국들은 단지 정복 대상으로서의 제국들일 뿐이다. 제국은 그런 점에서 좁은 의미의 공동체가 갖는 단순한 개별체의 성격을 상실한다. 일반적으로 사물들이란 사물들을 포괄하는 질서에 편입되지만, 제국은 그런 의미의 사물이 아니다. 제국은 사물들의 질서 자체이고, 또 보편적 사물 자체이다. 그런 의미에서 절대성을 갖지 않는 제국은 종속성을 가질 수도 없는데, 왜냐하면 제국이란 원칙적으로 가능한 모든 작전이 전개된 결과에 다름 아니기 때문이다. 끝에 이르면 사물은 더 이상 사물이 아니다. 만져서 알 수 없는 특성들을 넘어서는, 모든 가능성을 향해 열린 문이 그 내부에 있기 때문이다. 그러나 그 문은 그 자체로는 텅 빔이다. 문은 무한 종속의 불가능성을 드러내면서 부서질 때만 사물일 수 있다. 그러나 문은 스스로는 절대적 소진을 이루지 못한다. 왜냐하면 본질적으로 문은 사물이며 소진의 충동은 바깥에서 얻을 수밖에 없기 때문이다.

3) 법과 윤리

보편적 사물로서의 제국은 본질적으로 폭력을 바깥으로 돌리며,

그렇게 법을 확장시켜 사물들의 질서에 안정을 보장해준다. 제국의 법이란 사실 사격거리 내에 있는 대립된 다른 제국에 대한 폭력의 인준을 의미한다고 볼 수 있다.

법은 공공의 힘을 승인함으로써 어떤 사물(또는 각 개체)과 다른 사물과의 의무적 관계를 규정하고, 보증한다. 그러나 윤리의 다른 면이라고 말할 수도 있는 여기에서의 법은 개인의 내적 폭력을 승인함으로써 새로운 관계들을 설정한다.

법과 윤리는 공히 사물과 사물들 간의 보편적이고도 필연적인 nécessité universelle 관계를 규정한다는 점에서 그들의 자리를 제국에서 찾는다고 볼 수 있다. 그러나 윤리의 힘은 외부의 폭력에 근거한 체계와 무관해 보인다. 그럼에도 법과 통합되는 극단에 이르면 윤리도 결국 제국이라는 체계와 통합된다. 말하자면 법과 윤리의 관계는 제국에서 바깥으로, 바깥에서 제국으로의 통과를 가능하게 하는 징검다리이다.

2. 이원론과 도덕

1) 신성과 속세의 이원론적 입장, 그 경계의 자리바꿈

보편 제국을 지향하는 군사적 질서의 차원에서 보면, 의식은 명백히 사물 세계의 반영으로 결정된다. 군사적 세계의 그러한 자율적인 의식은 **이원론**dualisme의 세계에 심각한 영향을 초래한다.

원래, 신적인 세계는 순수하고도 상서로운 요소들과 불순하고도 불길한 요소들이 대립적이었다. 그럼에도 순수 요소들과 불순의 요소들은 둘 다 신적인 세계 안에 있었다. 그것들은 속세로부터 똑같이 거리가 먼 것들이었다. 그러나 반성적 사고의 측면에서 보면 신적인 것은 순수와 관계가 있고, 속세적인 것은 불순과 관계가 있다. 일종의 전환이 불가피한데, 이제 신적인 내재성은 위험하고, 뿐만 아니라 신성한 것은 불길해서 가까이 있으면 전염에 의해 파멸을 면할 수 없으며, 대신 속세의 길한 정령들이 속세monde profane 와—어둠의 신성과 비교해서 덜 신성해 보이는—신적 힘의 폭발 사이의 매개자 역할을 한다.

고대의 이러한 의식의 전환은 결정적인 변화를 불러왔다. 반성적 사고는 도덕적 규칙들, 말하자면 개인과 사회 또는 개인들 상호 간의 보편적이고도 의무적인 관계들을 확립했다. 본질적으로 그 의무적 관계들은 사물의 질서를 보장하는 관계들이다. 물론 의무적 관계들도 이따금 내적 질서에 의해 확립된 금기들(예컨대 살해의 금기)인 경우가 없지는 않았다. 그러나 도덕은 내적 질서의 규칙들 중에서 무언가를 선택해야 했다. 도덕은 일반적 가치를 인정해줄 수 없는 금기, 즉 오직 변덕과 자유를 자랑 삼는 규칙들을 한쪽으로 밀어놓든지 아니면 적어도 지지하지 못할 입장에 처했다. 그래서 심지어 도덕은 종교로부터 빌려온 규칙이라고 하더라도 그 규칙들조차 다른 규칙들과 마찬가지로 거기에 이성의 토대를 마련하여 **사물**의 차원에 이르도록 했다. 도덕은 일반적으로 속세의 본성에서 비롯된 규칙들에 근거하며, 속세의 작동과 지속을 보장한다. 그러므로 도덕은 순간적인 것을 가장 떠받드는 내적 질서의 가치체계와는 대립적이다. 도덕은 자원의 과시적 파괴와 그 극단적 형태들(예컨대 인간의 희생 또는 피의 제사……)을 단죄하며 무익한 소비를 모두 단죄한다. 도덕은 대체적으로 신적인 세계의 절대성이 암흑의 신성에서 빛의 신성으로, 불길한 신성에서 현실적 질서의 수호신으로 전환하는 순간에만 가능하다. 사실 도덕은 신적 질서의 인준을 전제한다. 현실에 대한 신의 힘을 인정함으로써 인간은 신을 현실에 실제적으로 종속시킬 수 있었던 것이다. 물론 현실적 질서가 정확히 이성의 보편적 질서를 따른다는 조건이 전제되지만 인간은 도덕이라는 현실적 질서의 인준을 위해 차츰 폭력을 제한했다. 이성은 사실 사물(사물과 동일한 대상)과 작동(행동)의 일반적 형태이다. 현실적 질서의 보존과 작동의 필요성 때문에 결합한 이성과 도덕은 현실적 질서에 대해 호의적 절대성을 행사하는 신적인 기능과 잘 일치한다. 바로 그 순간 도덕과 이성은 신성화되며, 그런가 하면 신성은 이성화되고 도덕화된다.

그렇게 해서, 비록 이분법을 벗어나지는 못하지만 그럼에도 한계의 이동과 가치의 전복에 의해서 최초의 이원론적 모습과는 다른 새로운 이원론적 세계관의 요소들이 출현하는 것이다.

초기의 내재적 신성 sacré immanent이 인간과 세계의 동물적 내밀성에 근거한다면, 속세의 세계는 내밀성 ─인류에 내재하는─을 갖지 않는 사물의 초월성에 근거한다. 이성과 도덕의 원칙은 사물을 다루는 과정에서 그리고 보다 일반적으로는 사물들과의 관계 또는 사물처럼 취급되는 주체들과의 관계를 통해 드러나며, 그래서 속세의 세계와 관계가 있는 함축적인 형태로 밝혀진다.

신성은 그 자체로 둘이다. 암흑의 불길한 신성 sacré noir et néfaste은 상서로운 밝은 신성 sacré blanc et faste에 대립적이다. 그러나 신성은 어느 쪽에 속하든 합리적이지도 도덕적이지도 않다.

반대로 이원론적 전개 과정에서 발견되는 신성은 합리적, 도덕적이며, 불길한 속세적 신성을 거부하는 신성이다. 정신의 세계는 통일성이 깨지지 않는 지적 세계이다. (대상의 분명한 형태들이 내밀한 질서의 모호성과 어우러져 있던 최초의 정령들 세계와 정신의 세계는 거의 관계가 없다.) 길함과 불길함의 나뉨은 물질 세계의 특질이다. 물질의 세계에서는 어떤 때는 감각적인 형태의 포착이 가능한가 하면 (그 통일성을 통해, 지적 형태를 통해, 그리고 작동의 능력을 통해) 다른 때는 불가능하다. 유동적이고 위험한 그리고 불완전하게밖에 이해할 수 없는 형태의 우연, 폭력에 불과한 물질 세계의 분할은 고정된 작동적 형태들을 파괴하려고 위협한다.

2) 신적 내재성의 부정과 이성의 초월성에 대한 신의 입장

통과의 과정에 변화의 순간이 있다. 뜻하지 않은 초월적 충동, 격

정의 상태에서 감각의 세계를 초월하면, 지적 세계가 계시된다. 지성 또는 개념은 시간의 바깥에 자리 잡은 채 마치 절대적 질서처럼 군림한다. 신화 세계의 신들에게 복종하던 사물들의 세계가 이제는 지성과 개념의 절대적 질서에 복종하게 된다. 지성의 세계가 신의 세계의 형상을 띠는 것은 그렇게 해서이다.

그러나 지성과 개념 세계의 초월성은 고대 종교의 애매한 신적 초월성과는 다른 성격의 초월성이다. 신성은 내밀성(폭력, 외마디, 분출하는 존재, 맹목적이고도 이해가 어려운, 불길한 암흑의 신성)을 통해 포착되었다. 따라서 신성의 초월성은 현실적 질서에 순응하는 사람이 보기에는 일시적인 것이었으며, 추후 그 잠정적인 초월성을 내밀한 것으로 만들어주는 것은 바로 제의였다. 그러나 그렇게 얻은 초월성은 이차적인 것이었음에도 불구하고 감각적 세계를 철저히 배척하는 지적 세계의 초월성과는 완전히 달랐다. 심오한 이원론적 초월성은 한 세계와 다른 세계를 잇는 통로였다. 좀 더 정확하게 말하자면 그것은 이 세상으로부터의 **비상구**sortie de ce monde-ci ─ 다름 아닌 우리가 사는 이 세상으로부터의 비상구 ─ 였다. 왜냐하면 감각 세계와 대립 관계에 있긴 하지만 지적 세계도 바깥 세계에서 보는 것만큼 그렇게 다른 세계는 아니었기 때문이다.

이원론적 개념의 인간은 정확하게 말해서 자신과 이 세상 사이에 아무런 내밀성을 느끼지 못한다는 점에서 고대의 인간과는 다르다. 이 세상은 이원론적 인간에게 내재적으로 보일 수도 있다. 그러나 이원론적 인간은 내밀한 인간일 수는 없으며, 그럴 수 있다면 그것은 그가 사물의 인간, 즉 자신이 사물 자체, 독립된 개인으로 남는 조건에서이다. 물론 고대인homme archaïque이 내밀성의 전염성이 강한 폭력에 지속적으로 참여하지는 않았을 것이다. 그러나 제의는 고대인이 그 전염성 강한 폭력으로부터 멀어지면 그때마다 고대인을 거기까지 안내해주는 역할을 했다. 이원론적 개념의 차원에서 보면 고대 시대에는 축제에도 불구하고, 성찰의 인간은 마침내 내밀성을 잃어버린 인간이 되지 않을 수 없었다. 물론 내밀성이 성찰의 인간에게 낯선 것은 아니었을 것이다. 성찰의 인간이 내밀성을 전혀 모른다고 말할 수는 없을 테니까……. 성찰의 인간도 내밀성에 대한 어렴풋한 기억은 있다. 그러나 그 어렴풋한 기억은 인간을 인간의 노스탈지nostalgie와는 전혀 일치하지 않는 세상 밖으로 내몰 뿐이다. 그 세계는 인간의 성찰의 대상이 되는 사물들이 인간과 철저히 독립적이며, 인간들은 인간들대로 서로 소통 불능의 개별성에 머무는 세계이다. 바로 그런 이유에서 초월성은 인간에게 분리의 가치가 아니라 회귀의 가치를 갖는 것이다. 아마 초월성은 초월성이라는 이유 때문에 접근 불가능한 것인지도 모른다. 초월성은 작동 중에는 작동자로 하여금 작동의 결과를 내재화할 수 없게 한다. 그러나 개인이 비록 이 세계를 벗어날 수 있는 것은 아니지만, 또는 자신의 한계를 넘어서는 것과 관계를 맺지는 못하지만, 정확하게 포착할 수 없는 **데자뷔** déjà-vu ─ 이미 본 것 같은 어떤 것 ─ 를 잠을 깨면서 얼핏 보기에 이른다. 데자뷔는 항상 그 자신과 분리되어 있으며, 마찬가지 이유로 그가 보고 있는 자체와는 판이하게 다르다. 데자뷔는 그가 이해할 수 있는, 그의 내부에 기억을 반추시켜내는 어떤 것이지만, 즉시 모든 면에서의 분리를 새롭게 재확립시키면서 감각적인 조건들의 망 속으로 사라진다. 정확히 말해 그 분리된 어떤 것은 본래의 것으로부터 분리되어 있다는 점에서 하나의 사물이다. 따라서 데자뷔는 사물이자, 분리이다. 반대로 자아란 아무것과도 분리되지 않은 내밀성이다. (그러나 내밀성으로부터 분리된 것, 예컨대 분리된 존재와 분리된 사물의 세계가 거기에 속한다.)

3) 감각 세계의 합리적 배제와 폭력의 초월성

내밀의 초월성은 내밀성—주어진 내밀성—의 완전한 부정에서 얻어지는데, 그 역설 안에는 극단의 미덕이 있다. 주어진 내밀성이란 오직 내밀성에 대립하는 것 외에 다른 것이 아닌데, 왜냐하면 주어졌다는 말은 사물 외의 다른 것이 아니기 때문이다. 내밀성은 사물을 벗어나는 특성을 가지며 사물에 주어지는 순간 이미 내밀성을 벗어난다. 따라서 잃어버린 내밀성은 사물의 세계로부터 벗어날 때 회복될 수 있다. 그러나 사실 사물의 세계는 그 자체로는 세계일 수 없으며, 순수 지성을 향한 순수 초월성이란(각성의 상태에서 한번 얼핏 보였을 뿐인 순수 지성이라는 것도 사실은 순수 비지성이다) 감각 세계의 내부에서 보면 너무 완벽한 동시에 무능한 파괴의 다른 말이다.

물론 고대 세계의 사물의 파괴는 미덕과 무능의 양면을 지녔었다. 고대 세계에서의 파괴는 사물을 온통 파괴하는 파괴가 아니었다. 고대 세계는 세상의 어떤 것을 비인격적으로 부정하는 폭력적 방법으로 한 가지 사물만을 따로 파괴했다. 그런데 초월 충동은 부정의 차원에서 보면 폭력과 대립적인 만큼 폭력이 파괴하는 사물과도 대립적이다. 물론 이러한 분석은 과감한 문제제기와는 달리 소심한 면을 보여준다. 그럼에도 말하자면 초월적 폭력의 근본적인 의도는, 거의 운명적으로, 고대 세계의 제사와 마찬가지로 사물의 질서를 제거하되 보존한다. 폭력은 사물의 질서를 제거하되, 사물의 질서를 우선 확립시킴으로써 그렇게 한다. 반면 이성과 도덕의 초월성은 그 절대적 지배권을 폭력(폭발의 전염적 참해)이 아닌 사물의 질서에 부여한다. 그러나 고대의 제사가 그랬듯이 도덕과 이성의 초월성도 제한적이기만 한다면 폭력을 그 자체로 단죄하는 것은 아니다. 폭력은 세계 안에서 사물의 질서 다음의 권리를 가지며, 폭력이 악으로 정의되는 것도 오직 사물의 질서를 위험에 빠뜨릴 때만 그렇다.

제사의 약점은 애초의 미덕을 상실한 신성한 사물의 질서를 현실적인 사물의 세계와 별 차이 없이 비하시킨 데 있었다. 제사, 위험한 폭력의 절대성에 대한 긍정으로서의 제사는 내밀성에 대한 향수nostalgie de l'intimité를 각성의 상태에 이르게 하고 고뇌를 유지시켜 주는 경향이 있는데 우리를 그 상태에 이르게 해줄 수 있는 것은 오직 폭력뿐이다. 그러나 충동적 순간에는 초월성이 아주 대단한 폭력적 폭발을 일으키고 거기에서 오는 폭력은 인간을 가능성에 눈뜨게 하는 것은 사실이지만— 왜냐하면 그렇게 전적인 폭력은 오랫동

안 유지될 수 없기 때문에 — 이원론에 머무는 한 그 가능성은 다시 졸음으로 이어질 뿐이다.

따라서 이원론적 초월성은 세계가 두 원칙으로 분할되는 졸음의 상태(사실 졸음만이 그 분할을 견딜 수 있게 해준다)로 이어진다. 물론 두 원칙 모두 이 세계에 속하는데, 하나는 선과 정신의 세계에 다른 하나는 악과 물질 세계의 원칙이다. 남는 것은 복종이 절대적 지배권을 행사하는 세계, 즉 대립적 보완물이 없는 현실적 질서의 제국뿐이다. 그 세상은 자유로운 폭력이 부정적인 자리밖에 차지할 수 없는 세상이다.

3. 매개

1) 도덕적 신성의 보편적 약점과 악의 힘

정확히 말해서 각성이란 이원론을 의미하며 각성에 이어지는 졸음은 불가피하게 악의 입장을 다시 끌어들인다. 초월성 부재의 이원론은 진부성을 벗어나기 어려우며, 그 진부성 덕분에 정신은 절대적 악의 다른 말인 엄청난 폭력을 향해 자신을 연다. 각성과 이인삼각 관계에 있는 반수면의 이원론이 실현시키는 선의 절대성은 폭력으로의 회귀 외에 달리 출구를 찾을 수 없는 사물 질서로 환원된다. 반수면의 이원론이 각성보다 우위에 선다는 말이다. 그러면 이제 저주의 세상은 고대의 세상이 가졌던 가치와 동등한 가치를 다시 취득하기에 이른다. 저주의 세계가 순수 폭력—순수 폭력은 악의 의미를 갖지 않는다—의 절대성만큼 중요하게 여겨지지는 않았지만, 그럼에도 악의 힘은 성찰의 영역만 벗어나면 신적인 가치를 결코 잃은 적이 없었다. 그리고 비록 명백히 열등하긴 하지만 그럼에도 악의 힘은 일반적 인간들의 삶에 지속적인 영향을 끼쳤다. 악의 힘은 여러 가지 형태로 나타날 수 있다. 폭력에 대한 어쩔 수 없는 저주는 마비된 의식을 사로잡을 것이다. 이어, 정화를 의도한 악에 대한 저주를 전적으로 개방하는 단계가 올 것이고, 그것이 가져다주는 이점이 선포될 것이다. 마지막으로 악으로서의 악 자체가 선보다 더 소중하게 여겨지는 혼란한 의식의 단계가 있을 것이다. 그러나 이원론적 태도의 여러 가지 형태들은 한 가지 가능성(정신은 항상 동시에 두 가지 타협 불가능한 요구—사물의 질서를 제거하는 동시에 유지시켜야 한다는 요구 — 에 답한다)을 정신에 제공해줄 뿐이다.

보다 풍요로운 가능성은 충분한 이행을 보장하는 경계 지역의 어떤 매개를 통해 얻어진다.

이원론의 가장 중요한 약점은 감각적 세계를 합리적으로 배제함으로써 순수 초월성의 순간이 아니면 폭력에 합법적인 자리를 내주지 않는 점이다. 그러나 그런 조건에서라면 선의 신성은 순수하게 유지될 수 없다. 선의 신성은 다시 감각 세계에 빠질 수밖에 없다. 선의 신성은 신자의 입장에서 보면 내밀한 소통의 추구 대상이다. 그러나 그러한 내밀성의 목마름은 결코 충족될 수 없는 것이다. 선은 폭력의 배제이다. 그런데 폭력이 없이는 사물 질서의 파열이란 있을 수 없다. 선의 신은 폭력으로 폭력을 배제하는데, 내밀성에 이르는 길로서의 선의 신이 신일 수 있다면 그것은 그 신이 과거의 폭력을 간직하거나, 폭력을 엄격히 배제하지 않는 한에서이다. 그런 점에서 선의 신은 이성의 신 — 선의 진리 — 과는 다르다. 이제 도덕적 신은 그 자리를 악의 신에게 내줄 수밖에 없다.

2) 악의 개입과 무능한 복수의 신

악은 언제라도 끼어들 수 있다. 만약 악의 현실적 힘들이 하나가 되어 내 눈 앞에서 나의 친구를 죽인다면 폭력의 내밀성은 가장 강력한 상태에 이를 것이다. 죽음의 내밀성이 고통스럽게 드러나는 폭력을 당하면 나는 열린 상태가 되어 잔인한 행위를 단죄하는 신성한 선의 편에 서게 된다. 나는 폭력에 호소해서 질서를 회복시킨다. 그러나 내게 신적 내밀성을 열어준 것은 복수가 아니라 죄악이다. 그리고 복수는 죄악의 비이성적 폭력을 연장시키든지, 죄악이 열어 놓은 문을 재빨리 폐쇄시킬 수밖에 없다. 왜냐하면 거침없는 폭력의 취향이 지배하는 격정적인 복수만이 신적일 수 있기 때문이다. 현실적 속세는 본질적으로 합법적인 질서의 회복을 부른다. 그렇다면 선한 신이 갖는 특별한 모호성을 잘 드러내주는 것은 바로 악의 개입에 의해서일 것이다. 폭력을 폭력으로 배제하는 것도 신적이다. (물론 그러한 신은 사실 배제된 폭력보다는 덜 신적이다. 배제된 폭력이야말로 필요 불가결한 신성이라 할 수 있을 것이다.) 반면 그 신은 선과 이성에 대립적인 한에서 신적이다. 그리고 순수한 합리적 도덕의 차원에서 보면 그 신은 아직도 신이라는 이름에 합당한 신성을 여전히 지니고 있으며, 바깥으로부터 파괴되지 않은 어떤 것을 지속시키려는 성향이 있다.

3) 신성의 제사

개입의 이차적 형태를 통해 보면 폭력은 바깥으로부터 신성에 이르지만, 그 신성은 이내 폭력을 당한다. 복수의 신과 마찬가지로 죄악도 내밀한 질서의 회복을 위해서는 필수적이다. 세상에 오직 사물 질서의 인간과 도덕적 신성밖에 없다면 심오한 의사소통은 있을 수 없다. 사물 질서에 속한 인간이 그 질서를 제거한다거나 유지시킨다는 말은 말 자체가 성립되지 않는다. 질서가 제거되기 위해서는 악의 폭력이 개입되어야 하며, 제공된 제물은 신성 자체여야 한다.

개입의 원칙은 내밀한 질서의 회복을 위해 재물이 파괴되는 제사에서 찾아진다. 제물 바치기라는 개입을 통해 볼 때, 제사장의 행동은 원칙적으로 신적 질서와 대립적이지 않다. 제사장은 신적 특성의 직접적 연장이다. 반대로 죄악을 선으로 정의하는 절대적 선의 세계는 도덕적 신성의 세계와는 서로 다른 세상에 속한다. 그래서 악의 폭력을 자처하는 사람을 우리는 중재자라고 부르는 것이다. 그러나 그 중재자는 스스로를 포기하고 파괴적 권능에 자신을 맡길 수 있어야 한다. 복수의 신에게 호소하는 단순한 악의 제물은 의지와 상관없이 제사라는 개입의 폭력을 당했기 때문에 신의 이름을 얻을 수 없었다. 반면 신성은 자체적으로 죄악을 부르며, 제사로서의 중재는 폭력과 폭력이 낳은 존재의 협동작업의 다른 말이다.

사실 도덕적 신성의 제사는 일상적으로 상상 불가능한 신비가 결코 아니다. 우리는 **유용한 것**을 제물로 바친다. 그리고 절대성은 사물의 질서로 환원되는 순간 사물로서 파괴되지 않고는 더 이상 신적 질서를 회복할 수 없다. 이는 현실적으로 (물리적으로) 없어질 존재의 신적 입장을 말해주는 것이기도 하다. 폭력은 그렇게 보복―보복은 추구될 수도 있고 그렇지 않을 수도 있다―과는 독립적으로 사물의 질서를 제거하는 동시에 보존한다. 신성은 죽음 안에서 현실적 질서를 뒤집는 폭발의 절대적 진실을 본다. 그러나 신성은 죽음을 불러갈 뿐 그 질서에 봉사하지 않는다.

사물들이 더 이상의 봉사를 멈추듯이 신성도 사물의 세계에 더 이상 봉사하기를 멈춘다.

그렇게 신성은 절대 선, 절대 이성을 사물 세계의 보존과 작동의 원칙 위로 치켜 올린다. 또한 신성은 이해 가능한 형태들을 초월적 충동의 알 수 없는 어떠한 것으로 만들어, 거기에 **내밀성을 배치시**킨다.

폭력의 초월 충동은 악(감각 세계에서 떨어져나간 이성적 존재 안의 악)과 무관하며 신성의 제사는 기존의 폭력을 전적으로 배제한다. 폭력이 없으면 신성은 사물 세계를 벗어날 수 없는데, 바로 그 폭력이 마치 있어서는 안 될 것처럼 거부되는 것이다. 신성은 신성이 단죄하는 어떤 것을 통해 신성한 것으로 남는 것이다.

4) 작동을 시작한 신성

존재해서는 안 되는데도 불구하고 존재하는 제사와 그것의 개입이라는 역설은 내적 모순에 그치지 않고 대체적으로 제거와 유지라는 모순율을 통해 현실적 질서를 조절한다. 현실적 질서는 제사의 개입을 통해 잃어버린 내밀성을 추구하지만, 내밀성과 사물의 철저한 분리는 복잡한 혼돈으로 이어진다. 내밀성 ― 지복 ― 은 개별성과 지속적으로 (작동하는) 사물로 취급된다. 지속이 거기에 하나의 근거처럼 부여되면, 이제 작동이 지배하는 지속에 대한 배려가 이어진다. 그러면 지속은 동시에 현실적 질서의 작동들과 유사한 작동들의 결과처럼 그 질서 안에서 추구되기에 이른다.

사실 내밀한 질서는 현실적 질서를 피상적으로 복종시킬 뿐이다. 도덕의 지배 아래서는 내밀한 질서의 회복을 꾀하는 모든 작동들이 결국 현실적 세계가 요구하는 작동들로 귀결된다. 내밀한 질서의 회복을 위한 조건으로 작용하는 많은 금기들은 그 목표가 근본적으로 사물 세계를 무질서로부터 보호하는 데에 있다. 결국 성체강령의 제사를 드리는 인간은 생산적 질서를 내밀한 질서의 파괴적 소모에 종속시키기보다는 사물 질서의 원칙들을 내밀한 질서에 더 끌어들이려고 한다는 말이다.

그렇게 성체강령의 제사라는 지복 작업의 이 세계는 처음부터 경계의 침범이 있었다. 거기에서는 도덕이 단죄하는 폭력이 온갖 곳으로 흘러넘칠 뿐 아니라 암암리의 논쟁이 현실적 질서에 봉사하는 성체강령의 작업들 사이로 파고들어 자리를 잡는다. 엄격한 도덕이 현실적 질서를 벗어나는 작업들을 가로막지만, 그럼에도 유용한 자원들은 건축, 제의, 나태한 명상oisiveté contemplative의 사치스런 파괴에 바쳐진다.

4. 산업의 비약적 발전

1) 신적 내밀성과 현실적 질서 간 관계의 완전한 부재

본질적으로 제사를 통한 개입의 세계는 작업의 세계이다. 그 세계를 사는 사람들은 양모를 짜듯이 자신의 지복을 짠다. 다시 말해 그 세계의 사람들은 계산을 배제한 폭력적 충동의 내밀한 질서를 따르는 행동보다는 생산성에 충실한 세계의 원칙을 따른다. 그 세계는 순간적 욕망의 충족보다는 미구에 있을 결과가 더 중요하다. 엄격히 말해서 비생산성의 노동들은 이 세상에서 부차적인 만족밖에 주지 못한다. 그럼에도 여기 이 세상에 신적인 광채(다시 말해 내밀성)를 끌어들이는 일은 칭송받을 만한 일이다. 그리고 그 행동은 칭송받아 마땅한 그리고 순간적으로 보면 나름대로 가치가 있는 행동이다. 그러나 모든 가능성은 성체강령이라는 작업에 종속되어야 하기 때문에 칭송받아 마땅한 행동과 신적인 광채 사이의 모순은 이성적으로 정당화된 도덕적 작업이 개입되면, 상황은 훨씬 고통스럽게 된다.

노동의 결과는 신성을—그리고 신성에의 욕망을—다시 사물의 세속적 특성으로 환원시키는 작용을 한다. 신적인 것과 사물 또는 신적 내밀성과 노동 세계 사이의 근본적인 대립은 노동 가치의 부정, 또는 신적 은총과 노동 가치와의 관계의 전적인 부정을 통해 뚜렷이 나타난다. 노동 가치의 부정—감각 세계를 합리적으로 배제하고 신성을 희생시킨 후에나 가능한 노동 가치의 부정—은 사물의 질서로부터 신성을 벗겨내는 제3의 방법이다. 그러나 그런 놀라운 거부 방식은 비를 피하기 위해 강물에 뛰어드는 미친 사람을 생각나게 한다. 아마도 노동의 부정은 매개 세계의 타협에 대한 지속적인 비판을 의미하지만, 완전한 비판이라고 할 수는 없다. 미래의 시간으로, 그리고 잃어버린 내밀성의 회복을 이 세상 너머까지 연장 지속시키는 지복의 원칙은 내밀성의 본질을 무시한다. 내밀성의 본질은 존재하지 않는 것에 대한 복종의 능력 즉 오직 순간적인, 그리고 이 세상의 내재성immanence de l' ici-bas에 대한 복종의 능력에 있기 때문이다. 저 너머 세계au-delà로 지복을 연장시키면서 성과는 거부한다면, 그것은 내밀성의 회복이 '자아'의 부재를 통해서가 아니라,—두 항을 그런 식으로 **대립시킬 수 있다면**—오직 '자아'를 위해서 성취되었음을 망각한 소치다. 내밀성이 나를 벗어난다면 회복된 내밀성이 의미할 수 있는 것은 어떤 것일까? 초월적 이성은 회상 작용을 통해 사고를 감각 세계의 감옥으로부터 순간적으로 탈취해 낸다. 그리고 현실적 질서에서 신성을 해방시켜내는 제사라는 매개 행위는 이 세상을 가차 없이 내팽개침으로써 노동을 무력하게 만든 다. 어쨌든 특별한 순간 외에는 신적인 내밀성을 신과 **인간**의 내재 성으로 보기는 어렵다. 그러나 노동 가치를 부정하는 초월적 신의 입장은 저 너머의 세상과 이 세상을 철저히 분리시키며, 그러면 그 때부터 사물로 환원된 이 세상은 더 이상 신적 질서가 끼어들 수 없 게 된다. 신적인 질서는 기념비나 종교적 축제 행사에 끼어들 수 있 을 뿐이다.

인간이 오직 노동만을 계획하는 현실적 질서에 철저히 머물 뿐이 라면 노동 가치의 부정은 어떤 의미에서 가장 필요한 부정이다. 그 러나 문제는 노동 인간의 무능을 드러내는 일이 아니라, 인간을 노 동 질서에서 건져내는 일이다. 그런데 노동 가치의 부정이 가져오는 결과는 정반대의 결과이다. 노동 가치의 부정은 역설적이게도 인간 으로 하여금 노동에 복종케 함으로써 노동의 의미를 변화시키는 결 과를 가져온다. 노동 가치의 부정은 내밀한 질서의 노동 세계가 아 니라, 오직 노동만이 중요한 노동의 세계를 들어서게 한다. 이제부터 이 세상은 오직 생산만이 이해가 가능한 관심의 대상이 될 수 있으며, 비생산적 파괴의 원칙은 오직 저 너머 세상에서만 있을 수 있으며, 이 세상에서는 더 이상 아무런 가치를 발할 수 없다.

2) 생산과 비생산적 파괴의 관계에 대한 일반적 조망

노동의 신성한 가치를 부정하면 자율적 사물의 지배가 가능해진다. 한마디로 그것은 산업의 세계이다.

이론적으로 볼 때, 고대 사회의 사물의 세계는 내밀한 폭력이 목적이었지만, 단 하나의 조건, 즉 폭력이 진정한 절대적 목적으로 여겨지는 조건에서였다. 생산에 대한 배려는 고통스런 유보조항일 뿐이었다. **사실 생산은 비생산적 파괴에 종속되어 있었다.**

군사적 질서 안에서는 사물 세계의 처분 가능한 자원들이 원칙적으로 폐쇄 공동체communautés fermées 밖의 우주를 향한 제국의 확장 의도에 바쳐진다.

그러나 군사적 활동은 오직 **현재**의 사물 질서에 우주적 가치와 형태를 부여하려고 한다.

군사력은 제국이 침해를 받지 않는 조건에서 제일의 목표일 수

있었지만. 제국이 위태로운 상황에 처하면 이차적인 것으로 밀려나
곤 했다. 한 걸음 더 나가 제국의 합리적 조직 또는 생산 자원의 유
용한 사용에 대한 필요성을 제외하면 고대 사회의 모호한 관계들을
일차적 단계의 내밀한 질서에 머물게 한 것은 사실 사물의 질서였
다. **생산은 비생산적 소비에 종속되어 있었다.**

　제국이 성장하다가 한계에 봉착하면 매개는 모호하고도 복잡한
관계들을 끌어들였다. 이론적으로 생산물의 사용은 도덕에 종속되
었으며, 신적 세계는 도덕과 깊은 곳에서는 상호 침윤적이었다. 그
러나 신적 세계가 비록 도덕의 현실적 근거 또는 사물의 질서와 뒤
섞이긴 했지만 그럼에도 신적인 세계는 그것이 단죄하는 폭력적 부
정에서 그 힘을 길어냈다. 고대 세계의 공공연한 초기의 모순에 이
어 여전히 명목상 우위를 차지할 뿐인 조화로운 신성이 자리 잡았
다. 말하자면 이론적으로는 고대 세계와 아무런 차이를 드러내지
못하면서도 그보다 우위를 차지하는 듯한 질서가 자리를 잡았다는
말이다. 그렇게 신성은 생산 또는 도덕적 질서와 일치하기에 이르렀
다. 고대 사회의 그러한 모호성은 한동안 지속되었다. 그러나 당시
고대 사회를 보면 자원의 파괴는 비생산성(신성)을 지향하는 만큼
오히려 생산을 돕는 쪽으로 초점이 맞추어졌었다. 매개의 사회가

지복의 비생산성을 통해 목적하는 것은 생산이었으며, 생산성의 노동을 통해 이르려고 한 곳은 지복의 비생산성이었다. **이처럼 비생산성의 파괴가 모호한 관점의 고대 사회를 상당히 지배하고 있었던 것도 사실이지만, 그러나 의식을 지배하는 것은 일반적으로 생산성의 노동의 원칙이었다.**

따라서 노동의 결과가 신적 질서 안에서 행사되고, 자율 생산의 원리가 지배하도록 하기 위해서는 노동의 가치를 부인하기만 하면 그만이었다. 이제 우리의 행동들은 회복된 내밀성(지복, 또는 이 세상에서의 신적인 광채)에 대해 더 이상 종속적이지 않게 되었으며, 노동력이 무한 발전할 가능성은 그렇게 열렸다. 내밀한 질서와 사물 질서의 완전한 분열은 결과적으로 고대 세계의 목적(과잉에 대한 비생산적 파괴)으로부터, 그리고 매개의 도덕적 규칙으로부터 **생산성을 해방시켜주었다.** 생산의 과잉은 생산 장비의 증대와 자본(또는 후기 자본)의 축적에 바쳐졌다.

3) 완성된 환원의 세계 또는 사물의 지배

노동의 길이 얼마나 허망한 것인가를 잘 알지만 그러나 다른 길이 없음을 의식한 생산적 인류는 이제 잃어버린 내밀성의 역사적 추구를 포기하기에 이르렀다.

인간들은 말하기 시작했다.

"생산력이 더욱 증대되는 세상을 건설하자. 그러면 우리는 그만큼 물질적 욕구를 충족시킬 수 있을 것이다."

그러나 인간은 스스로 사물로 전락하게 되면서 그 어느 때보다 자기 자신으로부터 멀어졌음을 금방 깨닫게 되었다. 그런 식의 철저한 분열은 인간의 삶을 통제 불능의 충동으로 내몰았으며 결과는 인간에게 두려움을 안겨주기에 이르렀다. 논리적으로 볼 때 그 충동은 생산의 상당한 몫을 새로운 장비와 설비에 투자하도록 하는 것이었기 때문이다. 그 충동은 과잉 자원에 대한 상응한 소모(생산량에 비례한 소모)의 가능성을 제거시켜버렸다. 사실 생산물은 생산 방법의 개선을 위한 (실제적으로 소비자들은 돈을 비축하기 위해 그 일을 한다) 공동의 작업을 받아들이는 조건에서만 얻어질 수 있다. 그럼에도 공동 작업은 대단한 일이며, 그보다 더 중요한 일 또는 그보다 더 나은 일은 없다. 혁명적인 또는 합리적인 (발전의 관점에서 볼 때 더욱 효과적인) 다른 방법이 없는 한 우리는 발전을 향한 현재의 공동 작업에 참여할 수밖에 없다. 아무도 이런 종속의 절대원칙을 반박

할 사람은 없다.

사실 이 절대원칙을 무너뜨릴 수 있는 것은 아무것도 없다. 왜냐하면 과거의 절대적인 어떤 존재도 감히 나서서 "나를 모셔라"라고 말할 수는 없기 때문이다.

인류 전체는 산업에 동의했으며, 산업의 곁에 사는 사람은 그게 누구든 실추한 절대의 형상을 띠고 있었다. 분명한 것은 인류 전체는 옳았다. 산업적 비약에 비춰볼 때 나머지는 의미가 없다. 아마 인류 전체는 사물의 질서로 환원되는 현상을 어쩌지 못했을 것이다. 그러나 일반적 환원, 사물화의 완수는 인간의 사물화 문제에 대한 발전된 의식을 위한 필수조건이다. 사물과 동일한 차원의 타협 없는 내밀성은 모든 것이 사물화된 세계, 과거에는 대립적이었던 모든 것이 모호한 입장—불가피한 전환—을 드러내는 세계에서만 확립될 수 있다. 생산 방법의 거대한 발전만이 생산의 의미를 충분히 깨닫게 한다. 사실 생산의 근본적 의미는 비생산적 소모—내밀한 질서의 자유로운 폭발 속에서 완성되는 자의식—에 있다. 의식이 자아를 드러내는 순간, 즉 의식의 눈에 생산이 소모에 바쳐지는 것으로 비쳐지는 순간과 생산의 세계가 더 이상 생산물을 어디다 써야 할지 모르는 순간은 일치한다.

4) 사물에 대한 명료한 의식 또는 과학

자기에 대한 명료한 의식을 완성시켜주는 것은 현실적 질서(즉 사물 세계)를 명료하게 의식케 해주는 과학이다. 과학은 사물의 독립성과 관련 깊다. 아니 과학은 사물에 대한 자율적 의식 외에 다름 아니다. 비록 내밀한 질서—그것은 인식의 차원에서 보면 신화적 질서이다—를 벗어날지라도 가공의 결정들에 의존하는 의식은 대상을 명료하게 의식할 수 없다. 도구가 대상의 초월성을 규제하던 초기 상태의 의식은 단지 정신의 모호한 상태에서 대상을 파악할 뿐이었다. 따라서 그런 의식은 대상을 별도로 (초월적으로transcendante) 의식하는 의식은 아니었다. 대상에 대한 분명한 의식과 자아에 대한 감정이 아직 분리되지 못한 상태였다. 제사에 관심이 집중되면 의식은 적어도 속세적 사물, 즉 제사의 내밀성을 고려하지 않는다. 의식은 신성에 대한 막연한 감정에 사로잡힌 채 전적인 고뇌를 겪곤 했다. 따라서 대상에 대한 명료한 의식은 차라리 대상들로부터 거리를 둘 때 비로소 가능했다. (보편) 제국을 조직하려는 움직임이 낳은 기술 제조업의 발달과 작동적 형태들은 관심을 일정 부분 사물의 세계에 돌리게 했다. 그리고 보편적 자유와 판단의 자유가 가능하

게 된 것도 사실은 관심이 주로 사물에 쏠리면서였다. 인간의 사고
는 신비적 질서의 엄격한 결정론을 벗어나서, 대상들이 명료하고도
분명하게 인식되는 과학을 빚어내기에 이르렀다. 명료성은 그렇게
의식 안에 자리를 잡은 뒤, 의식의 합리적 사고방식을 인도하기에
이르렀다. 그러나 인식의 도구가 개발되자 사람들은 그것을 내밀한
질서에 대한 인식에 사용하려고 시도했다. 그런 식으로 명료한 의식
은 말하자면 잡종을 배양하게 되었다. 근본적으로 비현실적인 내밀
한 질서는 임의적인 신비적 형상들을 의식의 논리적인 형태들에 적
용시켰다. 그렇게 해서 그것은 인식의 모든 영역에 내밀한 질서와
는 상관없는 절대적 결정들이 아닌 현실적 질서의 원칙을 받아들이
면서 내밀한 상태로 머물 수 있게 해주는 타협들을 끌어들였다. 한
편 자율적 사물의 세계 안에서 내밀성과 현실의 분열이 완성되면서
과학은 서서히 의식의 잡종 형태들énoncés hybrides de la conscience로부
터 벗어날 수 있게 되었다. 그러나 분열은 충분히 완성되면, 학자의
경우가 그런 경우인데 다시 인간을 분리시켜내고, 삶 전체를 현실적
질서로 환원시켜버린다. 그렇게 해서 인식과 활동은 서로 종속되지
않은 채 경쟁적으로 발전하며 인간과 세계를 완성된 현실로 확립시
킨다. 이제 내밀한 질서는 오직 더듬거리면서 나타날 뿐이다. 그 더

듬거림은 현실의 원칙에 내밀성의 원칙을 대립시키는 미덕을 지니고 있어서 여전히 뛰어난 힘을 유지하고는 있지만 그러나 그 더듬거림을 받아들이는 선의는 항상 실망을 겪을 수밖에 없다. 더듬거림의 그 목소리는 얼마나 약하던가! 그 더듬거림의 모호함은 현실의 분명한 표현 앞에서 얼마나 무기력해 보이던가! 권위와 진실성은 전적으로 사물과 생산의 편이며, 생산된 사물과 의식의 편이다. 나머지는 모두 허위이고, 혼란일 뿐이다.

이러한 불평등한 상황은 마침내 문제를 분명히 드러내기에 이른다. 진정성과 권위가 있는 현실적 세상과 인간의 질서를 구현하지 못한다면 내밀한 질서는 끝내 붙잡을 수 없는 것으로 남는다. 내밀한 질서의 내용들을 과학이 조직한 명료하고도 자율적인 의식의 영역에 비춰볼 수 있어야 한다는 말이다. 또한 이는 과학이 개발해낸 불빛을 내밀성에도 비춰 보이는 자아의식을 전제한다는 말이다.

5) 자아의식

내밀한 질서의 인식을 위해서 사용되는 학문이 진정한 학문이라면 무엇보다도 내밀한 인간이 발하는 독자적 진술에 학술적 형태를 부여하는 일은 배제해야 한다. 인식대상과 내밀성의 일차적 차이는, 내밀성은 빛을 추구함에도 불구하고 빛의 정확한 투사를 기대할 수 없는 데 반해 인식대상은 항상 빛의 정확한 투사를 기대할 수 있다는 데에 있을 것이다. 내밀한 질서를 명료한 의식 — 내밀성을 모호성으로부터 건져줄 힘을 갖는 명료한 의식 — 의 차원에 위치시킨다고 해도 내밀한 실존을 고정시켜서는 자아의 실현은 불가능하다. 명료한 의식에 대한 의지만 있다면 내밀성도 분명한 인식의 차원으로 끌어올릴 수도 있다. 그러나 그럼에도 불구하고 명료한 인식과 내밀한 질서는 일치시키기가 어려운데, 이유는 둘은 시간상으로 상호 대립적으로 존재하기 때문이다. 신적인 삶은 즉각적이다. 반면 인식은 정지와 기다림을 요구하는 작업이다. 신적인 삶의 (시간적 차원에서의) 즉자성은 신비 또는 모호한 사고형태와 일치한다. 내밀 체험이 신비주의를 버릴 수는 있을 것이다. 그러나 내밀 체험은 매번 총체적 질문에 대한 총체적 답변이 되어야 할 것이다.

그런 조건에서 보면 무지의 입장에 서지 않고는 그 누구도 객관적 인식의 형태가 요구하는 바를 충족시킬 수 없을 것이다. 무지에 대한 근본적인 긍정이 가능하긴 하지만, 그와 별도로, 당장 문제가 되어 있는 것이 어떤 것인지에 대한 명료한 의식은 신적인 삶이 갖는 모호한 특성, 즉 담론적 인식을 향해 문을 닫고 있는 어둠에 대한 인식과 연결된다. 명료한 의식과 내밀한 질서의 폭발, 그리고 그 둘의 직접적인 일치는 전통적 전제 조건들을 부정함으로써 얻어지는 것이 아니라 오히려 다음과 같은 형식적 가정을 내포한다. "내밀성은 명료한 의식의 경계이며, 그래서 명료한 의식은 내밀성과 관련된 사물들의 변형에 의지하지 않고는 내밀성의 아무것도 분명하게 인식할 수 없다." (우리는 **불가능한 작동**을 내포하지 않는 고뇌를 인식할 수 없다.) 자아의식은 그럴 때에 직접성과 작동성의 동시적 요구를 벗어날 수 있다. 즉각적인 부정은 작동을 사물, 즉 지속의 영역으로 향하게 해준다.

내밀한 질서는 전통적으로 약한 입장에 있었으며, 이유는 그것들이 언제나 작동에 내포되어 있기 때문이었다. 그럼에도 전통적 입장들은 작동이 갖는 미덕을 내밀한 질서에 부여하거나, 또는 작동에 의지해서 내밀한 질서에 이르려고 했다. 그러나 본질을 작동에서 찾는 인간은 자기 내부의 작동과 내밀성 사이에 어떤 관계가 있는지를 명확하게 이해할 수가 없다. 내밀성이 제거되든지, 아니면 작동이 제거되든지 해야 하는 것이다. 따라서 작동에 의해 사물로 환원되어버린 인간이 할 수 있는 일이란 **반대 방향의 작동**뿐이며, **환원**

을 다른 환원으로 대체하는 일뿐이다.

환언하자면 다양한 종교들이 있지만 그 입장들도 허약하기는 마찬가지여서 사물의 질서를 변화시키려 하기는커녕 그 근본을 그대로 답습해왔다는 사실이다. 매개의 종교들도 하나같이 사물의 질서를 있는 그대로 두었으며, 다만 도덕적 제한을 두는 데 만족할 수밖에 없었다. 고대의 종교들과 마찬가지로 매개의 종교들도 명백히 사물의 질서를 유지하기를 제안했으며, 사물 질서의 안정을 보장하는 조건에서만 사물 질서를 제거했다. 결국 현실의 원칙이 내밀성의 원칙을 눌러 이긴 것이다.

자아의식이 요구한 것은 사실 사물 질서의 파괴는 아니었다. 내밀한 질서는 솔직히 말해 사물의 질서를 파괴할 수 없다. (그 역도 마찬가지여서, 사물 질서 또한 내밀한 질서를 완벽하게 파괴한 적도 없다.) 그러나 발전의 절정에 이른 현실 세계는 내밀성으로 환원될 수 있으며 더 나가 파괴될 수도 있다. 말하자면 의식은 내밀성을 의식으로 환원시키는 일 외에 다른 일을 할 수는 없겠지만, 그럼에도 의식은 의식의 작동을 폐지시켜서 마침내 내밀성으로 환원될 때까지 작동을 요구하고 재개시킬 수는 있을 것이다. 물론 이 역동작의 작동은 의식의 운동에 결코 대립적인 것은 아니다. 그래서 그것은 오히려 의식의 운동을 완수하며, 마침내 깊이의 의식으로 환원된 의식—우리 각자가 알고 있는 애초의 의식—을 되찾게 해준다고 해도 틀림이 없다. 그러나 그 의식은 한 가지 의미에 있어서만 명료한 의식이며, 오직 어둠 속에서만 내밀성을 회복하는 의식이다. 따라서 그 의식은 가장 분명한 고감도의 빛에 이를 수 있는, 그래서 세상과 내밀한 관계에 있는 동물의 어둠을—또는 의식이 들어가게 될 어둠을—분명히distinctement 회복하게 해줄 인간 또는 존재의 가능성을 완성시켜줄 의식이다.

6) 사물의 전반적 파괴

어느 면에서 보면 우리는 일단 완성된 형태의 명료한 의식을 갖추고 있으며, 또한 생산의 세계, 사물의 질서는 이제 생산물을 어떻게 해야 좋을지 모를 정도로 발전의 정점에 달해 있다. 두 가지 조건 중 전자는 파괴를 가능케 하며, 후자는 파괴를 요구한다. 그러나 이런 일은 대체적으로 종교적 방법이 우선시되는 비현실, 달리 말해서 하늘나라에서는 이뤄질 수 없는 일이다. 결정의 순간은 반대로 가장 빈곤한 그리고 가장 덜 내밀한 양상을 고려하게 한다. 이제 인간이 사물로 환원된 세계의 가장 밑바닥으로 내려가 봐야 한다.

나는 나의 방으로 들어가, 거기서 나를 둘러싼 사물들에 대한 명료하고도 분명한 의미를 추구해볼 수 있다.

여기에 식탁이 있다. 의자가 있다. 침대가 있다. 그것들은 작업의 결과물로서 거기에 있는 것이다. 그런 물건들을 만들어서 나의 방에 놓기 위해서는 순간의 이해관계를 떠나야만 한다. 사실 그것들을 사기 위해서는 나도 일을 해야만 했다. 다시 말해 이론적으로 나는 그것들을 만들거나 운반한 노동자들의 노동에 맞먹는 유용한 일을 보상해야 했다. 노동을 통한 생산물들은 내게 일을 할 수 있게 해주며, 고기장수의 노동에 대해 지불할 수 있게 해주며, 내게 일용할 양식을 대주는 빵장수 또는 농부에게 돈을 지불할 수 있게 해준다. 그리고 나는 또 일을 할 수 있게 된다.

이제 나는 내 식탁 위에 술을 한 병 놓는다.

나는 유용한 일을 했으며, 그래서 나는 식탁을 살 수 있었고, 술을 살 수 있었다……. 그러나 이 식탁은 노동의 도구는 아니다. 식탁은 술을 마시는 데 쓰일 뿐이다.

내가 술잔을 식탁에 놓으면 그 순간 나는 그 식탁을 부순 것이 된다. 또는 적어도 나는 그 식탁을 만드는 데 사용된 노동을 파괴한 것이 된다.

물론 나는 우선 포도 재배자의 노동을 전적으로 파괴한다. 마시는 행위에 비하면 식탁의 사용은 목수가 한 노동의 극히 일부를 파괴할 뿐이다. 노동과 무겁게 연결된 그 방의 식탁은 적어도 한 순간만큼은 나의 폭발 외에 다른 목적을 가질 수 없다.

나는 이제 내가 책상을 통해 번 돈에 대해 말해보겠다.

만약 내가 그 돈의 일부를 써버린다면, 또는 살아갈 시간들을 나머지 돈으로 써버린다면 책상의 파괴는 그만큼 진전된 셈이다.

단 한순간이라도 내 손으로 잡을 수만 있다면 나는 이미 지나가버린 모든 시간을 그 한순간으로 대체시킬 수도 있을 것이다. 그러면 나로 하여금 거기에 이를 수 있게 해준 모든 생활필수품들은 갑자기 파괴되어, 마치 무한 순간의 대양에 흘러드는 강물처럼 비워 없어질 것이다.

무용한 한순간에 모든 것을 비워 없애는 일보다 더 거대한 일은 이 세상 어디에도 없다. 사물이 용해되는 잉여의 우주에서는 사물의 세계가 아무것도 아니듯이 노력의 집적도 한순간의 무용성 앞에서는 아무것도 아니다. 자유로우면서 종속적인 그 순간은 무용한 단어의 나쁜 의미를 희석시켜주는 **시간 속에 파묻힐까 두려워** 작동에 몰래 끼어드는 순간이다.

이제 내밀한 순간 속에 용해되고 파괴된 대상들이 **명료한 자아의식**에 자리 잡는 순간이 온다. 이는 한 동물이 다른 동물을 잡아먹는 동물적 상황으로의 회귀이며, 대상과 나 자신의 차이의 부정이며, 또는 의식의 영역에 대상으로 비치는 것들에 대한 전반적 파괴이다.

내가 명료한 의식을 가진 채 책상을 파괴하면 책상은 세상과 나 사이에 분명한 영사막의 기능을 그친다. 그러나 내가 책상을 파괴하되 현실적 질서에 아무 결과도 초래하지 못한다면 그 책상은 의식의 차원에서는 파괴된 것이 아니다. 현실적 질서의 환원이라는 실제적 환원은 경제적 질서에 근본적 전복을 초래한다. 경제적 운동을 유지하기 위해서는 **바깥으로** 흐르는 강물처럼 과잉 생산이 넘쳐나는 지점을 결정하는 일이 중요하다. 중요한 것은 생산된 대상들을 무한 소모하는ㅡ또는 파괴하는ㅡ것이다. 그 일은 아무런 의식이 없을 때 가능한 일이다. 명료한 의식이 지배하면 파괴된 대상들이 인간 자체를 파괴할 수는 없다. 개체로서의 주체의 파괴는 사실 대상으로서의 사물의 파괴에 내포되어 있다. 그러나 전쟁이 그러한 피할 수 없는 파괴 형태라는 말은 아니다. 전쟁은 의식의 형태가 아니다. (적어도 일반적인 의미에서 자아의식을 인간적인 것이라고 한다면.)

누구에겐가…

법열 형태는 배제하지 않는 반면 신비 형태는 배제하는 명료한 의식에서 비롯된 종교적 태도와 입장은 오늘날의 종교가 안고 있는 약점을 고치려는 사람들의 융합의 시도들과는 근본적으로 달랐다.

　서로 다른 원리들을 이어줄 수 있는 *끈*을 추구하는 사람들, 그리고 로마의 대주교와 산야신, 또는 키르케고르식 목사와 수피교도의 차이를 부정하는 사람들은 감정이 조화롭지 못한 종교적 세계에 대한 두려움 때문에 내밀한 질서와 사물 질서의 화해를 이미 — 여기저기서 — 거세시켜 놓았다. "**폭력**과 **의식**을 연결시켜주는 필수적인 것이 있다면 그것은 종합의 정신과는 가장 거리가 먼 다름 아닌 성욕일 것이다. 물론 제각각의 종교적 가능성들이 계시하는 모든 것들을 하나의 큰 체계로 묶어내려는 생각, 그리고 그 가능성들이 보여주는 공통된 내용을 발판으로 삼아 일반적인 인간의 삶의 원칙을 찾아내려는 생각은 무미건조한 결과에도 불구하고 높이 사줄 만하다. 그러나 **인간의 삶을 최상의 가능성의 체험으로 보는 사람에게는 보편적 체계**somme universelle라는 것은 필연적으로 종교적 감정의 체계일 수밖에 없다. 종합은 역사를 관통하는 보편적, 종교적 감정의 체계와 세상을 굳건하게 연결시킬 필요성에서 비롯된다. 종교적 감정의 고대적 발현이 마치 형식적인 해독만이 가능한 상형 문자처럼 우리와 무관한 것으로 남아 있는 한 현재의 모든 종교계(편협한 전통을 버린 것으로 밝혀진 종합적 형태의 종교적 세계)의 실추에 대한 명료한 이해는 불가능하다. 반면 그 실추의 의미가 밝혀진다면 특히 가장 불명료한, 그러나 가장 신적인 그리고 가장 공통적인 제사의 행위는 이제 더 이상 우리에게 닫힌 행위가 되지 않을 것이며, 우리는 인간의 총체적 체험을 회복할 수 있을 것이다. 그리고 만약 우리가 개인적으로 명료한 의식의 가장 높은 고지에 오른다면, 우리 내부의 어떤 것도 이제 더 이상 비속한 것일 수 없다. 오히려 머리끝에서부터 발끝까지, 동물에서 과학까지, 그리고 고대의 도구에서 시의 비의미까지 세상 안에 현존하는 **절대성**souverain은 보편적 인간의 보편적 절대성을 드러낼 뿐이다. 절대성은 안으로부터 찢어지는 자유로운 폭력이다. 그 폭력적 충동은 총체성을 부추기며, 눈물로, 황홀

경으로, 폭발하는 웃음으로 변하며, 웃음, 황홀, 또는 눈물 속에 불
가능을 계시한다. 이제 그렇게 계시된 불가능은 더 이상 모호한 입
장에 있지 않는다. 그 불가능은 정확히 말해서 자아를 결코 외면하
지 않는 절대적 자아의식이다.

한 번 사는 인생, 이거 한번 갈 데까지
가보는 것도 좋잖아! 라고 하면서 인생을 끝까지 가볼
필요성이 있는 체험으로 여기는 사람에게…….

나는 내 사상을 표현하려고 하기보다는 여러분 자신의
사상을 모호한 데서 벗어나도록 도와주고 싶었을 뿐이다.

여러분의 오른 다리가 왼 다리와 다르지 않듯이
여러분은 나와 다르지 않다. 그러나 우리를 결합시켜주는 것은
이성의 잠이고, 이성의 잠은 흉물을 배태한다.

부록

알람표와 참고문헌

나는 중단 없이 이어진 가능성들을 시각적 도표로 만들어 한꺼번에 드러내보고 싶었다. 그 도표는 대립에서 대립으로 정체에서 운동으로 단계적 발전을 하는 변증법적 형상의 특성을 띤 것으로서 명료한 장점이 있다.

그러나 불행하게도 그러한 명료성에 불편이 없는 것은 아니다. 그것은 나의 글이 추구하는 미덕과 배치되는 경향이 있다.

할 수 있는 한 나는 내 글을 의식의 최종 단계에서 논리적 운동이 가질 수 있는 형태로 전개하려고 했다. 다시 말해 역사학적 또는 민속학적 형태에서 벗어나 보려고 했다. 그런 이유에서 나는 논쟁과 고증을 배제했다. 나는 이 논의를 개별적 현실의 분석에 연결시키려 하지도 않았으며, 그렇다고 그런 현실적 분석과 전혀 상관없는 것이 되게 하고 싶지도 않았다. 원래 현실들이란 필요한 논의에 대해 변덕스럽고 불완전한 답변을 줄 수 있을 뿐이다. 그러나 마지막까지 논의의 필요성은 남았다. 내가 제안한 견고한 형태들은 어떤 때는 하나씩 하나씩 따로 전개될 수도 있었다. 그런가 하면 오직 연속이 원칙일 뿐인데, 그리고 역사 안에서는 추이의 형태가 중요한 자리를 차지함에도 불구하고 나는 마치 불연속이 있는 것처럼 진행의 단계를 한 단계 한 단계 전개시켜야 했다. 서로 상이한 문명의 시간대를 지나오면서 접촉한 결과 **절충적 형태들**formes hybrides은 똑같이 혼란을 불러왔다. 마침내 어떤 단계에 일정하게 주어진 조건들은 그 후의 다른 단계에서도 다시 확인되며, 같은 기능을 했다.

물론 이러한 건방진 태도는 논박의 여지가 없는 것은 아니다. 또는 더 정확히 말하자면 필요한 논박을 부른다. 반복하건대 내게 중요한 것은 작업의 완성이 아니었다. 더 정확하게 말하자면 완성된 작업이 가능하다 해도 그 완성된 작업은 필연적으로 논리적 반박을 초래한다. 개별적인 관점의 반박과 뭉뚱그린 견고한 총체적 반박을 이어주는 연결고리가 있다면 둘 사이에 존재하는 공통된 오류이다. 그리고 드러난 총체는 나의 개인적 반박의 결과이다. 그리고 총체는 그만두고 관점조차도 나는 본질만큼은 손대지 않으려고 했음에도 불구하고 나의 반박은 어느 것 하나 총체를 풍요케 하지 않는 것이 없었다. 일반적 일관성이 확보되면 아무리 입증된 반대라도 그 반대는 반대자가 생각하는 것만큼 크게 효과적이지도 못하다. 오히려 지원사격 기능을 가능하게 할 뿐이다. (나는 미르치아 엘리아데의 우정 어린 글을 여기 인용하게 된 것을 참 다행스럽게 생각한다. 특히 내게 사람들 세계에서의 "절대적 존재"의 위치를 확인케 해준 것은 엘리아데의 글이었다.) 일관성은 필연적으로 역사적 세상의 변덕스런 조건과는 관계가 멀 수밖에 없는 것이 사실이며, 그 조건들 중 어느 하나 총체로 환원되지 못할 것이 없는 것도 사실이다. 그리고 이러한 환원에 의해 총체가 빛을 얻었을 때 비로소 총체는 사람들로 하여금 그 사람들이 사고하는 사상의 내용을 알 수 있게 해준다.

나는 나와 똑같은 인간들이 **열린**ouvert 성찰의 운동이라는 개념을 이해하도록 도와주고 싶었다. 그 운동은 숨겨야 할 아무것도, 무서워할 아무것도 없다. 사실 사상의 결과는 이상하게도 경쟁과 관계가 있다. 아무도 자신의 사상을 현실적 권위와 완전히 분리시킬 수는 없다. 사상의 표현은 어느 정도 권위에 기댄다. 그리고 권위는 게임의 진행과 함께 획득되며, 어느 정도 독단성이 있는 전통적 게임규칙에 의하면 자신의 사상을 표현하는 사람은 그것을 무결점의 완전한 작동적 개념이 되게 하려고 한다. 물론 그런 태도는 용서받

을 수 있는 코미디이다. 그러나 그 코미디는 사상을 현실적 절차와
는 아무런 관계가 없는 새의 깃털처럼 고립시킨다. 언제나 도움을
찾을 뿐 결코 찬사를 받지 못하는 고통스러운, 아물지 않은 상처.

일관된 방법이 아무리 정당하다 해도 나는 그것이 안고 있는 불
편들을 외면할 수가 없다. 간편한 이해 방식은 그렇게 큰 불편들을
초래한다. 기호들이 역설적이게도 지시하는 현실로부터 벗어날 때
(현실들 중 어느 것에 특별히 근거하지 않을 때) 비로소 최대 의미를 획득
한다고 해도 역사적 형태들을 전반적으로 밝혀주지 못하는 기호들
은 사실 이해할 수 없는 기호가 될 수 있다. 그래서 정확한 지시사항
을 체계적으로 피해가는 우리의 도식은 형상의 도움을 받아 역사를
풀려는 우리의 노력의 반증인 셈이다.

이러한 해석의 방식에 꼭 필요한 것은 자유인데, 나는 자유롭게
선택한 예를 하나 들겠다.

한 가지 밝혀두자면, 이슬람은 일반적인 정의가 가능하지 않은
어떤 총체적 단위로 파악하지 않으면 짚어보기가 어려울 것이다. 이
슬람은 일단 군사적 질서이며 군사적 힘과 정복을 최종 목적으로
삼지 않는 행동을 제한하는 어떤 종교보다도 엄격한 군사적 질서의
종교이다. 그러나 이슬람은 다음과 같은 특성들을 보이기도 한다.

즉 이슬람은 갑작스럽게 고대의 소모적 문명에서 군사적 문명으로 건너온 종교이다. 그러나 이슬람이 군사적 문명의 모든 가능성을 실현시킨 것은 아니다. 이슬람은 다소 간략한 형태이긴 하지만 지복의 경제적 발전단계를 빠뜨리지 않았다. 그러므로 한편에서 보면 이슬람은 그 초기 단계에서는 군사적 질서의 모든 특성을 가진 것도 아니었고, 지복의 경제적 특성을 모두 갖춘 것도 아니었다. 우선 이슬람은 명료한 의식 또는 철학의 자율적 발전이 받아들일 수 없는 것이었다. (그럼에도 이슬람은 비잔틴의 엄숙주의를 뒤엎는 우상파괴주의를 통해 예술의 형상들을 이성으로 환원시키는 일에 있어서 고대의 군사적 질서보다 훨씬 더 성공적이었다.) 다른 한편 이슬람은 매개를 무시한 채, 신적 세계의 초월성을 유지하는 종교이다. 이는 폭력이 바깥으로 향하는 군사적 형태의 원칙과 일치하는 것이다. 그러나 초기 형태의 이슬람은 나중에 우리가 보는 이슬람과는 사뭇 다르다. **무슬림 제국이 성장의 한계에 이르자** 이슬람은 완전한 지복의 경제학을 채택했다. 이슬람은 기독교와 달리 덜 강조된, 그러나 더 비장한 매개의 형태가 있었다. 그러나 이슬람은 기독교와 마찬가지로 비싼 값을 지불하는 정신적 삶을 체험했다. 신비주의와 수도원 제도는 발전했으며, 예술은 우상파괴를 지키는 선에서 유지되었으며, 그럼에도 이성적 단순화로부터는 벗어났다. 내적 폭력의 역할이 상당히 약했기 때문에 이슬람은 어떤 지복의 경제학보다도 안정적이었으며, 어떤 사회보다도 안정을 보장하는 사회였다.

이러한 방식의 원용은 한편으로는 현실과 도식적 형상의 거리를 드러내 보여주기 위함이고, 다른 한편으로는 나중에 현실의 환원 가능성을 보여주기 위함이다.

여기 이어지는 참고자료들도 같은 이유에서 제공되는 것들이다. 그러나 위의 원용과 마찬가지로 여기의 참고자료들도 결국 기초가 취약한 구조물을 재확인시켜줄 뿐이다. 내 글을 있는 그대로 유지하되, 이렇게 함으로써, 필요하다면, **나중 일이지만**, 나는 나의 글을 전체적으로 어떤 기원에 연결시킬 수 있지 않을까 하는 기대도 해본다. 나는 참고자료의 형태로 이 책에 정확한 개념들을 제공해주고 있는 작가들의 글들을 여기 소개하겠다. 이 작가들의 글들은 나의 작업에 방향타 구실을 해주었다.

내가 여기에 특별한 순서를 부여하지는 않았다.

조르주 뒤메질, 《미트라 바투나, 인도 유럽의 절대성에 대한 두 가지 표상에 관한 연구》, 2판.

Georges Dumézil, *Mitra-Varuna*, 2e éd., Gallimard, 1948.

인도유럽의 신화에 대해 조르주 뒤메질은 놀라운 해석을 추구하고 있다. 특히《우라노스 바루나Ouranos-Varuna》(1931)와《플라민 브라만Flamine-Brahmane》(1933) 이후에 쓰여진 이 책의 내용은 내 책의 구조와 잘 맞아떨어진다. 조르주 뒤메질이 사용하는 헤겔식의 의식적인 명제와 반대명제 그리고 종합은 순수 폭력(신적 세계의 검은 쪽, 불길한 쪽—바루나와 간다르바스, 로물루스와 루페르크)을 속세적 활동(미트라와 브라만, 누마, 디우스 피두스 그리고 플라민)의 신적 질서 또는 인간적이고도 합리적인 군사적 질서의 효과적인 외적 폭력에의 결심과 대립시킨다.

에밀 뒤르켐,《종교적 삶의 기초형태》, 2판.
Èmile Durkheim, *Les Formes élémentaires de la vie religieuse*, 2e éd., Alcan, 1925.

에밀 뒤르켐은 내가 보기에는 오늘날 부당하게 배척받는다. 나는 그와 거리를 두려고 했다. 그러나 본질은 크게 다르지 않다.

알렉상드르 코제브, 《헤겔강독 서설》.

Alexandre Kojève, *Introduction à la lecture de Hegel*, Gallimard,
1947.

이 저서는 헤겔의 《정신현상학》에 대한 해설서이다. 내가 《종교
이론》이라는 책에서 개진한 사상들의 실체는 사실 거의 이 책에 있
다. 그래서 남은 일은 헤겔의 분석과 나의 이론을 일치시키는 일이
었다. 둘의 차이는 거의 없어 보인다. 중요한 것은 주체와 대상의 일
치의 조건으로서의 주체의 파괴 —반드시 실현 가능한 것만은 아
닌—라는 개념이다. 아마 이 개념은 헤겔식의 '만족'의 개념과는 근
본적으로 대립된 정신적 상태를 내포하는 개념일 것이다. 그러나 여
기서는 대립적인 것들이 서로 일치한다. (대립적인 것들의 일치. 그것들
을 일치하게 하는 대립은 이번에는 다른 어떤 종합에 의해서도 극복되지 않
는다. 개별적 존재와 우주적 존재 사이의 일치가 있다. 그리고 우주적인 것은
개별적인 것을 통해서만 얻어질 수 있다. 그러나 개체 안에서의 개체의 산화
는 죽음이 아니고는 또는 만족의 완성이라고 할 수 있는 죽음에 비견되는 철
학적 평정이 아니고는 고통 "또는 고통의 기쁨"을 극복할 수 없다. 황홀 상태
이전에 유지되는 산화는 산화가 아니다……) 나는 코제브의 작업을 여

기서는 좀 완화시켜서 한 가지 점만을 강조했다. 헤겔에 대한 코제브의 해석에 대해 사람들이 어떤 말을 할지라도(그리고 내가 보기에는 코제브의 해석에 대한 비판들은 그리 큰 의미는 없어 보인다), 비교적 접근이 쉬운 코제브의《헤겔강독 서설》은 어린아이가 어른들의 행동을 연구하는 것과는 달리 **자아의식**을 위한 일차적 도구일 뿐만 아니라 인간의 삶에 대한 다양한 측면—특히 정치적 측면—을 연구하기 위한 유일한 방법이다. 아무도 내용을 완전히 소화해내지 않았으면서 배웠다고 주장할 수는 없다. (내가 한 가지 더 강조하고 싶은 것은 코제브의 해석은 마르크스주의와 그리 멀지 않다는 것이다. 마찬가지로 이 책도 철저히 경제학의 분석에 근거하고 있음을 독자들은 쉽게 간파할 수 있을 것이다.)

실뱅 레비,《브라만에서의 제의의 이론》.

Sylvain Lévi, *La doctrine du Sacrifice dans les brahmanas*, 1898.

제사의 해석은 '자아의식'의 근거이다. 실뱅 레비의 책은 제의에 대한 해석 중 압권이다.

마르셀 모스, 《제사의 성격과 기능》, 《증여에 관한 소론》.

Marcel Mauss, *Essai sur la nature et la fonciton du Sacrifice*, 1898.

_____, *Essai sur le don*, 1924.

두 권 중 앞의 책은 고대 제사에 대한 역사적 조건들을 집대성한 것이다. 두 번째 책은 과도한 생산 활동의 파괴 형태와 관련된 모든 경제학에 대한 이해의 기초이다.

시몬 페트르망, 《철학과 종교의 역사에서 본 이원론》.

Simone Pètrement, *Le Dualisme dans l'histoire de la philosophie et des religions*, Gallimard, 1946.

고대 그노시스파의 사회적 입장과 같은 입장의 시몬 페트르망은 아주 깔끔하고 정확하게 이 작은 책자에 이원론의 역사가 안고 있는 문제를 제기한다. 나는 그의 문제제기를 출발점으로 삼아 고대의 이원론으로부터 정신-물질이라는 이원론으로의 추이를 분석했다. 유일하게 시몬 페트르망만이 정신-물질, 더 정확하게 말해서 초월-감각세계를 고찰하였다.

베르나르디노 데 사하군,《신스페인의 역사》.

Bernardino de Sahagun, *Histoire de la Nouvelle-Espagne*.

정복 이전의 멕시코 정부에 대한 스페인 수도사의 앙케트. 엄청
난 숫자의 인간을 제물로 삼은 멕시코 사원의 제사에 대한 이 앙케
트는 제사를 지켜본 증인들인 아즈텍인들을 상대로 조사되었다. 그
자료는 제사의 끔찍한 양상에 대해 우리가 갖고 있는 가장 정밀하
고 권위 있는 자료이다. 우리가 필연적으로 거부해야 할 것이 있다
면 그것은 극단적인 형태를 그리는 인간 또는 종교적 개념이다. 그
런 형상들을 통해서 빛을 발하는 이미지만이 내밀한 충동을 자극할
수 있으며, 의식은 비록 거기에 등을 돌리지만 마침내 그리로 돌아
갈 수밖에 없다.

R. H. 토니,《종교와 자본주의의 부활》.

R. H. Tawney, *Religion and the rise of Capitalism*, 1926.

아주 폭넓은 정보에 근거한 이 책은 자본주의의 기원에 있는 속
세와 신성의 세계 사이의 단호한 단절이 얼마나 중요한가를 분석한

책이다. 신교는 노동의 종교적 가치를 부인함으로써 단절의 가능성을 끌어들였으며, 반면 경제적 활동과 노동 형태들의 세계는 거기에서—물론 장기적으로 볼 때 그런 것이지만—산업적 축적의 빠른 증가를 가능하게 한 자율성을 수용했다.

막스 베버, 《프로테스탄티즘의 윤리와 자본주의 정신》.

Max Weber, *Die Protestantische Etnik und der Geist des Kapitalismus*, 1905.

막스 베버의 연구는 축적(생산력의 증대에 부를 사용함) 가능성 자체를 아주 꼼꼼하게 우리가 사는 세상과는 아무런 관계도 생각할 수 없는 신적인 세계의 입장과 연결시켰다. 우리가 사는 세상에서의 노동 형태(계산, 이기주의)는 근본적으로 신적인 질서로부터 부의 화려한 소모를 분리시킨다. 막스 베버는 종교개혁이 가져온 결정적인 변화를 R. H. 토니보다 더 강하게 강조한다. 종교개혁은 노동의 가치를 부인함으로써, 그리고 비생산적인 소비를 비난함으로써 근본적인 축적을 가능하게 했다.

옮긴이의 말

어느 날, 우리 대학 프랑스인 교수가 내 연구실에 들렀다. 그는
내가 바타유를 번역하고 있는 모습을 보더니, 아직도 바타유와의
전쟁('전쟁'의 프랑스어 단어는 바타유bataille이다)이냐고 물었다. 바타
유의 번역은 전쟁이라기보다는 고통이다. 맨 처음 《에로티즘》(민음
사, 1999)을 번역할 때도 그랬고, 이미 출간된 《저주의 몫》(문학동네,
2000)의 번역도 큰 고통이었다. 번역이 어차피 쉬운 일은 아니지만
어떤 작가보다도 더한 어려움을 느끼고 겪게 하는 작가가 바타유이
다. 그래서 바타유를 번역하다 보면 부끄럽다. 공부를 더 해야겠다
는 생각이 들게 한다. 이제는 번역이 두렵기조차 하다.

조르주 바타유는 저주의 작가로 불린다. 사실 그는 당대의 지성
인들에게 결정적인 영향을 미쳤음에도 불구하고 제대로 평가받지
못한 작가이다.

《마담 에두아르다》,《하늘의 푸른빛》,《C 신부》등의 소설들, 문학에서 위반의 원리를 실천한 로트레아몽, 사드, 에밀리 브론테, 블레이크, 보들레르 등을 다룬《문학과 악》, 무신론 대전3부작《내적 체험》,《죄인》,《니체에 관하여》, 미술에 심취한 시기에 쓰여진《선사시대 그림 : 라스코 또는 예술의 탄생》,《마네》등 그의 저작들을 훑어보면 경제학, 종교사, 생물학, 민족학, 문학, 미술에 걸친 다양한 분야가 바타유에게서는 끄트머리만 겨우 맞붙은 것이 아니라 하나의 전체를 이룬다.

이 책은 2부로 구성되어 있다. 제1부는 수단으로서의 인간과 그로부터의 초탈을 위한 인간의 행위에 대한 철학적 고찰이다. 제2부는 이윤의 원칙을 벗어나지 못하거나, 폭력을 현실적 목적에 종속시키는 근대 산업사회 이후의 군사적 질서에 대한 비판이다.

사상을 벽돌담의 벽돌에 비유하는 바타유는 하나의 철학이 철학일 수 있으려면 인류의 사상사에서 그 다음에 있을 철학적 논의들에 대한 출발점이 되어줄 수 있어야 한다고 한다. 벽돌이 쌓이고 쌓여 돌담을 이루듯이 철학도 쌓이고 쌓여 사상의 담을 이루는 것이다. 그러나 어떤 의미에서 무한조립은 불가능하며, 어떤 철학자는 새 집의 초석을 놓아야 한다. 또는 철학적 답변은 개인적 입장을 무시할 수도 있고 이전에 있었던 또는 이후에 올 어떤 사상적 흐름에도 가슴을 활짝 열고 거역할 수 있다. 사상적 불만, 미완성은 답변과 관계 있으며, 더 나아가 답변 그 자체라고도 할 수 있기 때문에.

《종교이론》을 쓰는 바타유의 화두는 '어떻게 인간적 상황을 벗어나는가?'이다. 바타유는 인간도 동물성, 사물 또는 도구의 입장을 벗어나지 못한다고 한다. 도구는 그 자체로는 아무런 가치가 없으며, 목표와 관계할 때만 가치를 갖는다. 우리는 여기서 언어의 가장 두드러진, 가장 심각한 탈선을 볼 수 있다. 왜냐하면 우리는 도구를 사용해서 어떤 것을 생산하지만, 그 생산물은 다시 다른 어떤 것에 쓰이기 때문이다. 그리고 그 고리는 계속 이어진다. 우리는 삽으로 땅을 파고 거기에 식물을 재배한다. 거기서 생산된 작물은 누군가가 먹는다. 그러나, 다시 그 사람이 음식을 먹는 것은 일을 하기 위해서이다.

농산물과 가축은 사물들이며, 사육과 경작의 순간만큼은 경작자, 사육자도 사물들이다. 그 세계에 속한 인간은 더 이상 인간이 아니라 수단이다. 경작자는 인간이 아니다. 경작자는 빵을 먹는 사람의 수단인 셈이다. 바타유는 수단을 벗어나기 위한 인간의 몸부림을 전쟁, 종교, 제사, 축제에서 찾는다. 살상이 자행되는 전쟁은 얼핏 축제가 갖는 의미와 유사한 의미를 갖는 것처럼 보인다. 그러나 전쟁과 축제는 큰 차이가 있다. 축제는 적을 사물 취급하지 않지만 전쟁은 적을 사물 취급한다. 전쟁은 개인의 생명과 그 가치를 위험에 빠뜨리는 반면, 살아남은 개인을 그 위험한 놀이의 수혜자로 만든다. 다시 말해 전쟁은 살아남은 병사를 초라한 사물로서의 개체가 아닌 영광스런 개체로 승화시켜준다. 그러나 바타유는 살아 남은 병사의 영광을 허위의 영광으로 규정한다. 병사는 폭력을 통해 인류를 전적인 사물의 질서로 환원시키려 들기 때문이다.

물론 무의식적인 것은 사실이지만 병사의 그러한 태도는 주로 현실적 질서의 우세를 돕는다. 병사가 차지하는 신성의 권위는 세계를 유용성으로 끌어내린 뒤 얻은 거짓 권위이다. 바타유는 병사의 품위를 창녀의 웃음에 비유한다.

군사적 정복의 정신은 희생의 정신과는 반대이다. 군사적 질서의 왕은 내부의 폭력을 막기 위해 원칙적으로 폭력을 철저히 바깥으로 돌린다. 군사적 질서는 그렇게 함으로써 폭력을 현실적 목적에 종속시키고 있는 것이다. 그래서 군사적 질서는 축제와는 달리 힘의 최대 소비를 목표하지 않는다. 힘의 소비가 없는 것은 아니다. 그러나 군사적 질서의 원칙에 의한 힘의 소비는 기껏해야 이윤의 원칙을 벗어나지 않는 한에서의 힘의 소비로서, 단지 더 큰 힘을 얻기 위한 것이다.

바타유는 종교도 이러한 군사적 질서의 원칙을 벗어나지 않는 것으로 보며, 그 예로 이슬람을 든다. 바타유에 의하면 이슬람은 군사적 힘과 정복을 최종 목적으로 삼지 않는 행동을 볼 수 없는 엄격한 군사적 질서의 종교이다.

그러나 축제 또는 제사는 다르다. 제사는 미래를 염려하는 생산의 반대 명제이며, 오직 순간에만 관심을 갖는 소모이다. 바로 그런 의미에서 제사는 버리고, 주는 것이다. 석탄이 타는 화로는 대체적으로 부인할 여지가 없는 유용성을 갖는다. 반면 제사에서 제물은 그런 모든 유용성을 벗어난다.

제사의 정확한 의미를 찾자면 바로 이와 같다. 우리는 사치품을 제사 지내는 것이 아니라 유용한 것을 제사 지낸다. 또한 제물이 이미 손상된 것일 때는 제사란 있을 수 없다. 사치품이란 제작을 위한 노동의 유용성을 애초에 제거시켜버린 물건이다. 제작되는 바로 그 시점에서 사치품은 유용성을 잃는다. 사치품을 제사 지낸다면 그것은 같은 대상을 두 번 희생시키는 것이 된다.

그런가 하면 축제는 사람들을 모아, 그들에게 전염성이 강한 제물의 소모(영성체)를 통해 제한적 의미의 지혜와는 정반대의 불길을 향해 문을 열게 하는 것이다. 축제는 파괴적 열망을 분출시킨다. 춤, 시, 음악 그리고 다양한 예술들이 축제를 웅장한 폭발의 시간과 장소로 만든다. 폭발의 순간, 수단에 종속되었던 인간은 비로소 수단으로부터 벗어나는 것이다.

《종교이론》은 바타유 자신의 고백에 의하면, 완결된 작업이라기보다는 하나의 소묘 같은 것이다. 그러나 바타유는 이 책을 통해 인류 전체는 아닐지라도 개인을 어느 정도는 설명해주고 있다. 무능을 드러내는 책이 될 것이고, 그 무능의 외마디는 더 깊은 침묵의 서곡이 될 것이라는 그의 독백에도 불구하고…….

조한경

조르주 바타유 연보

1897년 퓌 드 돔의 빌롬에서 태어난다. 랭스에서 고등학교 교육을 마친다.

1918년경 《랭스의 노트르담》이라는 첫 작품을 쓴다.

1920년 실비아를 만나 결혼한다.

1922년 파리의 고문서 학교에서 《기사계급, 운문으로 쓴 13세기 콩트》라는 논문으로 박사학위를 받는다.

1922년 신비주의에 심취한 바타유는 한때 사제가 될 생각을 했으나, 생각을 바꾼다.

1923년 니체를 탐독했으며,《니체에 관하여》를 쓰게 된다.

1924년 잡지 《아레투스》 편집동인으로 활동. 어느 날 저녁, 생 드니

의 한 사창가에서 미셸 레리스, 앙드레 마송, 알프레드 메트
로 등과 함께 잡지 창간을 계획한다.

1926~27년 초현실주의자들과 친교를 시작한다.

1928년 로드 오슈라는 필명으로《눈 이야기》를 출간한다.

1929~30년 조르주 앙리 리비에르와 함께 잡지《도퀴망》을 출간한
다. 초현실주의자들과 결별하며, 앙드레 브르통과는 결
별과 재회가 이어진다.

1931년 《태양의 항문》출간. 바타유는 잡지《도퀴망》을 떠나 민주적
공산주의 단체의 잡지인《사회비평》에 협력한다.

1932년 바타유는 코제브에게서 헤겔에 관한 강의를 들었으며, 레몽
크노와 함께 잡지《사회비평》에 '헤겔의 변증법적 기초에 관
한 비평'이라는 글을 싣는다.

1933년 이 해에 바타유는 모스의 영향을 많이 받는다. 모스의《증여
에 관한 소론》의 영향을 받은 그는《소비의 개념》을 썼으며,
비생산적 소비, 소모, 포틀래치, 희생 등 그의 주요관심사들
이 이 시기의 글에 나타난다.

1934년 바타유는《사회비평》의 책임 편집자인 보리스 수바린의 권
유로 트로츠키 당원으로 가입한다. 그러다가 건강이 나빠져
서 휴식을 취하던 동안에 동양의 신비사상에 심취한다. 선과
요가로 심신을 단련하면서《내적 체험》,《명상의 방법》을 쓴
다. 그리고 같은 해 루이 트랑트라는 필명으로《작은 것》을
출간한다.

1935년 바타유는 앙드레 마송, 폴 엘뤼아르, 모리스 엔, 피에르 클로
소프스키, 뱅자맹 페레, 이브 탕기 등과 함께 '반격'Contre-
Attaque이라는 그룹을 조직해서,《반격 노트》를 출간한다. 그
러나 그 조직은 내분으로 말미암아 1936년 해체되며, 그들
이 모였던 오귀스탱 부두의 집합장소는 나중에 피카소의 아
틀리에가 된다. 로제 카이와, 미셸 레리스와 함께 사회학연구
소를 창립한다. 목적은 모든 형태의 사회적 실존을 연구해서,
신성을 밝혀내기 위한 것이었다. 바타유는 잡지《아세팔》을
창간한다.

1937년 피에르 앙젤리크라는 필명으로《마담 에두아르다》출간.

1938년~42년   심리적, 정신적 쇠퇴기. 이 시기의 바타유는 선과 요가
            에 몰두할 뿐 아무 책도 출간하지 않는다.

1943년   《내적 체험》의 초판이 갈리마르사에서 나온다.

1944년   《죄인》,《대천사》출간.

1945년   《니체에 관하여, 기회의 의지》,《오레스티》,《더러움》출간.

1946년   인문과학 종합서평지《비평》창간.

1947년   《알렐루야, 디아누스의 교리》,《명상의 방법》,《쥐의 역사》,
        《디아누스의 일기》,《시의 증오》등 출간.

1948년   《종교이론》을 출간하고, 많은 글들을 발표한 해이다.

1949년   《에포닌》출간.

1950년   《C 신부》출간. 사드의《쥐스틴 또는 미덕의 불행》에 서문을
        붙인다.

1955년   《선사시대 그림: 라스코 또는 예술의 탄생》,《마네》출간.

1957년   《문학과 악》,《에로티즘》출간.

1961년   《에로스의 눈물》출간.

1962년 《불가능》출간 후, 바타유는 파리에서 죽음을 맞는다.

1966∼67년 유작으로《나의 어머니》,《주검》출간.

옮긴이 **조한경**

서울대학교에서 문학 학사·석사·박사 학위를 취득했으며, 현재 전북대학교 교수로
재직하고 있다. 연암재단의 지원으로 프랑스 리옹3대학교에서, 학술재단의 지원으
로 캐나다 토론토대학교에서 교환교수 연구 기간을 가졌다.
번역서로는 《미덕이란 무엇인가》(앙드레 콩트 스퐁빌), 《에로티즘》(조르주 바타유),
《저주의 몫》(조르주 바타유), 《에로티즘의 역사》(조르주 바타유), 《소수 집단의 문학을
위하여》(질 들뢰즈), 《초현실주의》(이본 뒤플레시스) 등이 있다.
저서로는 《사실주의》, 《변혁의 시대와 문학》(공저), 《서양 문예사조》(공저), 《라모의
조카》, 《프랑스 현대문학의 이해》(공저) 등이 있다.

종교이론

인간과 종교·제사·축제·전쟁에 대한 성찰

1판 1쇄 발행 2015년 11월 25일
1판 2쇄 발행 2020년 1월 1일

지은이 조르주 바타유 | **옮긴이** 조한경
펴낸곳 (주)문예출판사 | **펴낸이** 전준배
출판등록 1966. 12. 2. 제1-134호
주소 03992 서울시 마포구 월드컵북로 6길 30
전화 393-5681 | **팩스** 393-5685
홈페이지 www.moonye.com | **블로그** blog.naver.com/imoonye
페이스북 www.facebook.com/moonyepublishing | **이메일** info@moonye.com

ISBN 978-89-310-0982-8 03100

이 도서의 국립중앙도서관 출판예정도서목록(CIP)은
서지정보유통지원시스템 홈페이지(http://seoji.nl.go.kr)와
국가자료공동목록시스템(http://www.nl.go.kr/kolisnet)에서 이용하실 수 있습니다.
(CIP제어번호 : CIP2015031454)

◦ 잘못 만든 책은 구입하신 서점에서 바꿔드립니다.